隈 栄二郎

解放行動の原理

主意主義的変革主体論の理路

目次

第1章　下位体系内行為と上位体系の変更

解放行動の原理

主意主義的変革主体論の理路

はじめに

本書は、抑圧からの解放を願うすべての人々宛ての、その方法の提示の書物である。ただし、これは「原理」である。原理とは、解放への具体的な戦略や戦術までは言及していない、ということである。それは細かい方法までは1冊にはまとめられない、という事情をさしあたりの根拠とはするが、根本的には、抑圧の状況が人によって違いすぎる、ということである。その一々に対応して記述すれば、結局読者による総合的な理解は期待できない。

しかし、それにもかかわらず、抑圧一般は社会に存在する。抑圧は「権力」によって現象するからである。「抑圧一般」が存在する限り、これに対応する「抑圧への対抗一般」も存在する。本論は、それへの具体的対応方法を述べていないわけではないが、それは理解のための例示にとどめ、もっぱら抽象的に対応法を記述している。

この題名である「解放行動」に限って言えば、この題名に期待された読者諸賢には、筆者が述べた状況の規定性の中で、筆者がそれに対応して述べた手段を基に、それぞれの課題にあった手段を策定していただくことができるだろう。

あるいは、現実に生活している読者については、そんな暇もなく日々の生活的行為を続けざるを得ないかもしれない。「この限られた生活の中で何が『解放行動』だ」。しかし筆者はその生活の中で遂行している読者諸賢の個々の具体的な行為こそが、人間の自由の拡大の歴史に貢献していると確信している。この点を自負心と共に確認いただきたいと思う。

また他方では、読者として一般的には想定していないが、学術的には、筆者の確立した行為論的社会学と既存の社会学との連続あるいは断絶の在りかを示すものでもある。これは筆者の個人的な志向によるものであり、過去10冊ほど著した拙論と、これに対する既存社会学との間に横たわる溝を明らかにしようと思って記した意味がある。

筆者は、これまでの近著4書（『行為の集成』、『歴史としての支配』、『「上部構造」の社会学』、『資本主義と支配システム』）で、全体社会としての社会システムの視角から法則的立言を扱ってきた。それはそれで各書のテーマ通り完結しているわけだが、「ではそのときに、個人としての人間は何をしているんだ。つまりこの私は何をしているというんだ」と問われれば、それは課題が違うのだから、と答えるしかなかった。実際、課題が違うのだから。

本書はこれに対して、現実の全体社会の動きは、その裏で、あるいは表で、つまり本体の動き以外のところで、どんな個人の努力を基盤にしているか、ということを明らかにするものである。つまり、個人としての私とあなたが何をしようというのか、ということに答えるものである。

そして、それに答えることは、既存の社会学が現実的個人を語るたびに考慮しなければならない、「社会と個人」問題に答えることでもある。ただ、叙述が煩雑になるのでこの問いへの答えは底に沈んでいるように見えようが。


さて、こう述べても本書の対象は広く、読者には本書各部分の叙述の意図がつかみづらいと思われる。そこで本文の前に、文章構成の意図を申し上げる。

本書は序論を除き5章で構成される。

各章別の意図を述べれば、本論に入る前に序論として、本論が基づいている諸前提を記すことで、本論の流れを事前にわかってもらえるようにした。

筆者は、過去、もっぱら「社会のシステム」に焦点を当てて議論を続けてきたが、本論はそれとは全く異なり、「具体的な個人」の意思に焦点を当てている。これに伴い、「社会」も全体社会ではなく、個人を直接に取り巻く集団、構成体、要するに「下位体系」に焦点を当てる。その理由をかいつまんで述べている。

同時に、個々の人間の行動に焦点を当てるという個別的な努力が、どうして因果連関の法則を析出すべき「科学」となるのか、を述べる。

この序論は見通しをつけるための議論であり、その後の内容は本論で展開している。したがってざっと眼を通していただければよいかもしれない。なお、本論で利用する筆者の行為理論について、最低限を載せておいたが（第2節）、こちらはご存じない方には目を通していただいて、必要な折りに振り返っていただくようお願いしたい。


本論に入って第1章である。

ここでは具体的個人の行為、すなわち生きている人間が実際に日々暮らしている下位の社会体系内の行為とは、その内部の行為者にとってどのような規定性を持つのか。そしてその規定性を担った行為が、では上位の社会体系の存在にどんな影響を持ちうるのか、が述べられている。

もっともここで述べているのは社会システムと具体的人間との関連であり、いわば解放行為の因果連関を述べるにあたっての予備的な作業ともいえる。直接に解放行動について述べるものではないので、社会学に興味のない方々は流し読みでも構わないだろう。

また、その他の章に出てくる概念で既存の社会学にないものを解説している。上位体系と下位体系を「縦断する平面」と、その平面を切り取るための「要素連関」というものである。ただこれも筆者としては他の章では文脈の中に溶け込ませたつもりなので、「そういう発想から論述している」と思っていただくだけで、大きな支障はないと思われる。

なお、本章は、具体的人間を扱っているその他の社会学との違いを際立たせるため、他章の簡潔さに比べ、少しボリュームを増やしたところがある。


次いで、第2章。

本章は多くの読者には失望されるはずの、日常の中での「解放」について注意書き的に触れた章である。人が諸集団等の中で生きるにあたっての「解放」である。もちろんそんな「解放」は限定的なのではあるが、ある具体的個人にとっては、その解放こそが彼の「人生」たりうるのである。この点について、人間の存在への敬意をこめて、章として述べるものである。

その結果として、下位体系内で行動する具体的個人への権力の浸透度と、その権力の被支配者個人による利用可能性について述べてあるので、ここはそういう章だ、と理解されたい。

次いで第3章が、具体的個人の「いわゆる解放行動」と上位の社会体系の変更について述べるところである。

読者はここで、社会変更にかかる具体的個人の意思が生む可能性と限界性の理路を、つまりその過程と根拠を、読み取ることができるであろう。そのときにはついでに、社会変革をめぐる常識論や感情論の誤りへの批判も読み取っていただければ幸いである。

内容は個人の行為とそれが全体社会に与える影響とその根拠を、その根拠に即して整理した。本来は羅列的でないほうが個人に即するのであろうが、現実の個人の環境は千差万別なので、羅列的になるのも許していただきたいところである。

第4章は差別である。

筆者は差別は当時の社会システムの直接の規定性に基づくものではなく、2次的な現象であると把握している。

2次的だからその解放はたやすいとか言おうとしているのではないし、2次的だから「1次的な」状態の解消まで差別からの解放はあり得ない、と言っているわけでもない。

しかし、2次的な事象には2次的な規定性もあるものである。つまり、「体制相手の戦いとしては闘いやすい」のである。大まかな話をすればここでの解放行動は、困難ではあるが、解放が上位体系の支配構造に達するまでは勝利しうる、ということはある。ただしその一方で、体制反対ではあっても基底還元主義的な議論を奉ずる差別者とも闘わなければいけない、という側面もある。別枠で論ずる所以である。


さて、第4章までの議論は、具体的行為者の主体的意思の限界を探ったと集約してもよい。残念だが、個人行為者が社会的抑圧の解消を意思しても、その人間の「意志」によって解決できることには限界がある、正しく言うと歴史が人間に架した規定性は乗り越えられないのである。さて、ではそこで人は腕を組んで立ちつくすしかないのか、ということである。

そうではない。人は常に歴史を先導して変更してきたのである。

新たな論理的段階として展開する第5章は、新社会の規定性、変更される社会の向かうべき地点である。

なぜ新社会の規定性が第3章で展開できないのか、それは新社会が具体的人間が作り出す関係を前提として初めて存在しうるからである。

そこで第5章として、その関係を作りだす行為主体の規定性と、彼らが下位体系という環境内の変更ではなく直接に全体社会を変更させる過程について述べてある。

その他、小項目、細目等の頻出にはうっとおしいとお思いになるかもしれないが、筋立てを（悪文に頼らずに）なんとかわかって貰うためにする筆者のいつもの努力の反映である、とお許しいただきたい。

序論

第1節　諸前提の提示

本論は、ある個人が自己の行為への抑圧・拘束をどのように排して、自己の行為の自由を確保していくか、その方法を述べるものである。序論では、この本論で取り扱うべき、項目、視点について、なぜその項目等が必要なのかを述べる。

ここで本論は歴史的前提が入る。本論で扱う環境は、先進資本主義国での社会環境である。後進資本主義国その他の分裂国家では、「武力」要因が圧倒的だからである。手斧や鉄砲の前ではすべての言説は成り立たない。そうした「国家」内の環境の因果連関の解明は、その環境的事実認知を得られる生得的位置と主体的志向を持った研究者のものである。

1　「具体的人間」という行為主体

人は自分のある行動が他者によって阻止されたときはどうするだろうか。それが趣味的な行動であれば行動は分かれるとして、それが自己の生活にかかわる行為であればそれにあらがうように他者と交渉するであろう。

さてこのとき拒否されたならばどうするだろうか。

まず第1に、環境の事実を把握し直す。

次いで第2に、この環境の要素に対して自分は何をしたら自分の生活的要求行動が貫徹できるか、を考えるであろう。

ここに、具体的人間の社会学が生ずる。

(1) 具体性の視点とは何か

しかし、それを論理化する社会学者と主体的人民行為者の視点は同じではない。これは視座の違いと呼んでおこう。つまり、目の位置を変えるというような安直な態度ではなく、体勢から違うという意味である。

社会学者の視座とは権力者の視座である。もちろん本人に自覚はないが。つまり、人々がどんな様子をしてるか（天守閣から遠眼鏡で）見てやれ、という視座である。そこには何の自己の苦しみもない。「ある家族Aの構成員はどんな収入でどんな消費生活を送っているか。その構成員になにか苦しみはないだろうか」。

しかし主体的に日々を送り喜びも悲しみも具体性につくられる人民は、それとはまったく違う視座を持つ。ある家族Aの構成員・年金生活者aは、とりあえず収入にも買い物にも興味はない。彼の頭を占めるのは県外に住む次男の子が全然訪ねて来てくれないことばかりである。

これはシステムとしての社会を扱う際にも研究者には主体性が必要であることとパラレルである。システム扱いで（あれ）研究者がその研究を科学として意義を持たせるためになすべき主体性の確立と同様に、具体的な行為者を扱う際にも、研究者は、一般行為者とは認識視角の不利はあれ、一般行為者と同じ体勢を持って認識に赴かなければならないということである。年金生活者ａには、旧家族の意識の変容が問題とならないか、といった研究課題の変化が必要かという自問が生まれる。

人は具体的な自己の現況について、これを自己に良い将来へと変えていかなければならない。このために自己の直近の世界と、この世界を支える他者からなる環境とについて把握し、この他者が主体となる行為をどう変更させるかということに思いめぐらさざるを得ない。本来の具体性の社会学は、これに資しなければならないのである。年金生活者ａの立場を取るかどうかは別として。

もちろんこのときの社会学者の態度は、構成員一般と同じではなく、ある志向を持たざるをえない。客観的な理論などは存在しない。より客観に近づけたいなら、１テーマについて別の論を百も二百も書き一つに合冊するしかない。そしてそれも「一つの理論」にはなりはしない。たった１家族の「理論」でも、４人家族であれば、最低４論が必要である。ここで１家族の理論など存在はしないことに留意されたい。それは１資料である。

本書で展開するように、方向性はわかっても、では具体的な現実のなかで何をどう動かしていくのか、ということを理解するのは、学問的訓練のない者にとっては並大抵の努力ではない。ここに社会学徒の存在意義がある。

具体的な社会事象の局面のなかで、現実に適合する行為方向を提出し続けることができるようになったとき、社会学は人民の唯一の社会科学としてその規範科学たる存在意義を示すであろう。

さてここで、焦点が具体的人間だといっても、具体的人間の思う視点の範囲はまだ広い。子供のように「階級のために戦っている」という前衛分子も具体的人間であり、権力に苛まれ疲れ切り「そんなことやってバカなことを」とつぶやく人間も具体的人間である。

本論は、これら具体的人間のうち、「彼らにとって解放とは何か」という視点から視座を作る。視点とは、どこにでも自由に動ける人間の目のことであり、視座とは、そこに腰を落ち着けて、その自分の視点は座りながら辺りにめぐらす、という意味である。

つまり、およそ生きている人間にとって、自分の行動、あるいは自分に働きかけてくる他者の行動とは「合理的」なものである。現実は合理的であり、これに歯向かうことはできない、ようにも見える。もちろんこの断定は、ヘーゲルとは言わず、マルクス主義的唯物史観の世界に当然に生ずる話である（注）。

なぜそんなことになるのか。彼らの目は現実そのものにしか向いていないからである。ところが現実は刻一刻動いていく。もちろんこの動きを語らずして弁証法的唯物論なるものは存在しない。

このとき解放を志向する理論は、おのずから、当該の抑圧者や被抑圧者の現状認識に拘泥することなく、彼らの行動がいかに解放へ結びついていくか、それのみを明らかにするということになるのである。

それはある意味、彼ら具体的人間の考えている未来を無視することでもある。彼らの考える彼ら自身の未来は彼らがそう思っている「現在」から推測される未来に過ぎない。ところが現実とはそうではない。彼らの今この瞬間の行動を、その彼ら全体としての行動を、考えたときどうか、それが科学としての現状認識だからである。

つまり、感情の、あるいは意識の論議は、現象論である、というシンプルな事実である。現象論の役割は問題の共有であり、問題の解決はそれから先のことなのである。
（注）これは論の先取りになるのだが、「現実」は、それを報道するだけで保守的イデオロギーとなる、現実というイデオロギーである。わずか数十年前まで、女性がこの世から消えていたその元凶たるイデオロギーである。
当たり前だ、と、とりあえずおさえよう。仕方がない、現実である。しかしそんなことを言ったら全部が現実で、それ以外の道はあり得ない。

だから、これに対抗するには現実以外の「事実」、「だから」将来を提示しなければならないのである。たとえば、他国の女性の事実、現実を踏み倒す常識外れの女性による行動である。これが、自称自由な、しかし自己を擁護して他人の痛みをかえりみない資本主義的正義への対抗の特徴なのである。

（2）具体的次元と社会学

社会科学のうち、下位体系を主要フィールドとする社会学は、それゆえに当然、行為者というレベルで人間を捕まえざるを得ない。つまり、まず、人は社会事象と自分の現在「生きている」環境との間に自分を入れることで、その社会事象に「関」心を持つ。これは文字通りで、英語でも「inter」estともいう。これは当たり前のことではある。

さてでは、ここで社会事象とは何か。

こうした行為主体の行為に焦点が当たっている場面では、社会事象は実体ではなく観念である。ところでその次元からもう一段下がれば、それは観念一般ではなく、第1に、言語情報その他から構成された観念であるか、第2に、観念から抽象された要素、そこに記憶が直結する要素なのである。そしてここで行為者にとって行為主体たる意義を持つのは、過去の記憶に直結する抽象なのである。過去の、自分の身体を揺るがした記憶である（構成された観念に行為主体上の意義を持つこともないではない。これは、その構成観念によっていくばくかの実体的過程を経た結果であり、それも特殊な人生ではありうることではあるが、ここでは特殊ケースとする）。

では記憶の実態はなにか。これはそうそういくつもあるものではない。日本語でいう「喜怒哀楽」である。この記憶と結びついた、したがってホルモン分泌と結びついた抽象によって、人間には、まず「発言意欲」が出現するのである。

といってもその喜怒哀楽が行動の起動因になると言っているわけではない。だから心理学は虚しい。喜怒哀楽はその当人によって、自分が持つ倫理なり未分化の社会道徳と結合して、持続的な意志に育て上げられるわけである。そんなことは現実通りで、わざわざその「真偽」を云々するまでもない。

さて、社会事象観念と、自己の記憶との間の抽象過程に、歴史的状況というものがはいる。つまりどういう社会的契機によって、行為者の喜怒哀楽を引き出せるのか。この段階はまだ社会科学ではない。

この行為者は行為者一般ではなく、歴史的に規定された行為者であり、歴史はこの行為者に、彼の喜怒哀楽を引き出す抽象を、あらゆるところから醸出させる。この姿をつかむこと、正しくは表現することは、おのおのの論者のお好み次第である。この歴史と行為の喜怒哀楽との関係が「哲学」論議である。なかなか社会科学には到達しないがしょうがない。このしょうがない困難な立ち位置に、社会学徒は、本来は居るのである。戦後農地解放後の小作農家の幸不幸や民主主義的志向の変化について述べよと言われれば、今となっては、人々の発言を調べて同じ個人の研究者が１００通りの論を出せるであろう。それは嘘ではないだろうが、科学ではない。

発言意欲自体は基礎要素に過ぎない。現実の行為は、つまり、発言という表明行動は、それ自体において、規制と推進の要素の対象となるが、これは本題ではない上に、「次の次の」課題である。「次の」課題は、では、歴史的状況と主観を統合させる過程は何か、ということになる。これが当面の社会学である。

現状の社会学者が書く論は、たとえ現実の住民を対象としたアンケート調査の結果であろうと、そこからの論は自分が行為者として自分の記憶でフィットした抽象の再現である。この再現により社会学者は「問題」を提示する、と主観的に思うのだが、それはただの現実の議論内縮小再生産である。現実の登場人物は、それよりも豊かな情報を、自分の人生の中に保持しているものである。その社会学は正しい実証学であるが、人間が次の瞬間に使える因果連関はどこにも表示していない。

では何が科学たる社会学だというのか、ということになる。

それが、歴史的状況と主観を統合させる過程、つまり、状況と主観を組にした抽象的立言である。抽象的立言は、常にそれを適用せんとする行為者の行為によって、実証にさらされる。筆者が行為理論家として常に言うように、行為理論は決して理論家の宣言で完結するものではない。人々はまず全員が異なる。にもかかわらず、行為の原理と原則という明示された基準によって書かれた立言は、彫琢《ちょうたく》され、時代とともに真理へ近づいていく、あるいは、最低、真理部分と特殊歴史的部分とが分離明確化されていくのである。

もちろん行為者にとって重要なのは、自己の行為による自己の将来の変容である。行為の原則に「真理の追求」などありはしないから、それはそれで当然である。真実は、行為の正しい予測を得るために「尊い」だけである。

では、本書のような真理の追求の書の人間にとっての意義とは何か。

真理は時代を待つことに意味がある。

その時代の必要が人々の利害的諸行動によってその集合性の中に賞賛と優越を形作るとき、真理は彼らの将来の変容の一助として使われるのである。

2　主意主義的行為による解放

(1)　主意主義的行為理論

このように、本書は、具体的人間の主体的行為を基礎とした行動の原理である。

これは社会学用語に翻訳すれば、「主意主義的行為理論」と呼ばれよう。しかしこの用語は既にパーソンズが機能主義の用語として提出されたものであり、同じ用語を使うのは誤解のもとである

（注1）。
パーソンズが主張しだしたからと言って、それは学説史上の位置づけに使っただけであって、とりわけ「主意」に重点が置かれるような取り扱いではない。あくまで彼の構造機能主義上の行為論の別名である。

佐藤慶幸はパーソンズを正しく批判しつつ、主意主義的行為論の一般的定立を、「人々はそれらの（人間行動の〈筆者註〉）制約条件を認識することによって、しかも自分自身をも対象化することによって、それらを意思決定の前提条件として考慮し、最終的には主体的に未来へ向かって行動しうる意思決定主体である」としている（注2）。

本書はまず、佐藤のこの社会学的には妥当な一般的定立を前提とする。

（注1）T. パーソンズ『社会的行為の構造・1総論』稲上・厚東訳、木鐸社、1976。紹介的著作では、厚東洋輔「主意主義的行為理論」『基礎社会学第I巻』所収、安田他編、東洋経済新報社、1980。
（注2）佐藤慶幸『現代社会学講義』有斐閣、1999、56ページ。もっとも佐藤の本旨は、パーソンズ系の主意主義は「社会学」に明け渡し、もう一つの主意主義としてボランタリズムを主唱することにあるのだが。

（2）個人と社会

行為者の外界に対する主観的な意味を強調する社会学を、しばらく「現象学的社会学」と呼んでいく。

その主張はかならずしも間違いではないが、本論とは似て非なるものである。現象学派の影響が強すぎる現況を憂慮して、個人と社会はなぜに分断しなければいけないか、を改めて述べておこう。

（ア）現象学的社会学にある正しさ

さて、そもそも行為を扱うに当たっては、主観的な意味を重視するほうが認識論的には正しい。本来の「社会」は個人の観念の中にあるのが、そもそもの単語の成り立ちだからである。

本来、人間個人にとって、世界というものは、それぞれが固有の変動をする諸物体の集合体である。木を見て葉を見て草を見て、牛を見て虫を見てヘビを見て。それぞれの物体が目の前を動いている、それが個人にとっての世界である。その世界は見たからなんぼのものではなく、自分で触ってみて捉えようとしてみて。あるいは親に聞き仲間に聞き。そんな各様態の事実認知の集合体として観念の中に存するようになるわけである。

さて同様に「社会」なるものもそんな各様態の事実認知の集合体に過ぎない。自分で人を動かそうとしてみて嫌だけど仕方なく言うことをきいてみて。あるいは親に聞き仲間に聞き。そんな事実認知の集合体が「社会」なり「世の中」である。

もっともここで、「○○の社会」という言葉を使う以上は、そこに「○○」という統一性がなければならないが、ここではその問題は飛ばす。

元に戻って、それは先達に聞くとどうも自分の回りだけではないようだ。その他に「アフリカ人の社会」や「モグラの社会」や「クマの社会」もあるようだ、というふうに、要するにそんな自分の世界認識の一部に過ぎない。したがって、この限りでは個人の観念を探ればすべては明らかになってもいいだろう、と思われる。

（イ）現象学的社会学の限界

さて、しかしそうはならない。なぜか。焦点となっている社会には、自分と相互行為さえしない、自由な他者が含まれているからである。相互行為でもしてくれれば、「社会は相互行為の体系である」とかいって斜に構えていればいいのであるが、そうはいかない。

「相互行為がなければ関係ないからいいではないか」とか「そんな知らない事象も言葉によって伝えられる」とかいうだろうか？　残念ながらこの世の中、知らないところから唐突に自分の知らない消費物資が現れ、あるいは唐突に銃を持った兵士が戸口に弾丸をぶちこんでくる。この故にこそ、社会は個人と同じ平面では語れないのである。

正しく言えば、確かに物事はそれが現象するまでは社会（の一部）ではないとすれば記述はいくらでもできる。しかし、知らない事象が突然現れてくる「社会の裏切り」について、その規定性をつかむことはできないのである。

人間は生きるために、この自由な他者を透視しなければならない。たとえ今は見えなくとも、見えない彼らを含んだものとして「全体社会」を捉えなければならない。しかして因果連関を析出して将来に適用させる社会科学としての社会学は、「社会」を自分とは別に別個に立てなければならないのである。

すなわち社会とは、この自由な他者が受け持った規定性と、彼がいる環境の規定性のことなのである、たまたま他者の中に自分も入るという構制の。

残念ながら社会とは自己から離れたものなのである。観念的にも現実にも。ここには対面的な社会心理学や一時的な人的交渉のコミュニケーション学を除いて、社会科学は存在できないのである(注)。

それは叙述しようとすれば叙述は不可能ではない。先の客観性の例のように、たとえば仮定を場合分けして電話帳のようにまとめるとかすればできなくはないだろう。しかし、意味のある理論とは、人民に役立つ理論とは、一言で立言を終わらせることが必要なのである。百万言を費やした立言など存在しないのと同じ、自己満足の「理論」など、墓碑銘にもならない。

当然のような事実であるが、当面の課題（運動論には全体社会論は出てこない）に関係がないと、「なくてもどうにかなるだろう」とか思ってしまうものなので注意されたい。

(注)　とはいえ、現象学的社会学には2つの利点がある。
第1に、それをもって現実の因果連関の「説明」にあてることができる。なにしろ「そう思っている行為者」を前提としているのだから、説明に、ある意味、間違いはない。

ただし、そんな説明に理論は要らない。マックス・ウェーバーの時代から、そんな説明で良ければ何の訓練もない人間にだってできる。その結果が社会学者の数だけある社会学である。あるいは百人が一致するのでよく見たら、ただの常識の記述だった社会学である。どうしようと結構であるが、そんなものが現実社会だと思われてはたまらない。

第2に、下位体系をめぐるそうした分析により、下位体系への上位体系の隠れた影響を析出することができる。たとえば家族なら家族の歴史的あるいは国際的比較について、当該集合体の構成員の行為の意識を「理論的に」比較すれば、それらの間にはいくつかの異なった現象が見いだせる。それはどこから由来するのか？　論理上、下位体系にない要素であるからそれ以外の体系、つまり上位体系由来である。

これはやってみないとわからないし、そんなことをやっている学問的営為を拝見したこともない。なぜか、この作業には基礎理論が要るのである。この基礎理論を構築できるような研究者は、途中で気が付いて全体体系の研究に鞍替えするはずだ、というわけである。そして名声の確立した学者は誰も昔の失敗など語りはしない。

というわけで、それが可能なことは誰も知らないだろうから、記載してはおくべきだろう。

（ウ）人間の行為上の自由と、環境上の自由

行為上の自由は、環境にセットされて、初めて意味を持つ。あるクロヒョウは獲物を視野に捉えてこれを攻撃する。この行為と獲物の獲得が黒豹の「自由」である。

しかし、この攻撃に失敗したところで彼あるいは彼女は別に自己の生活に幻滅を覚えてはいられない。もちろんこんな生活でないほうがいいだろうが。

行為主体にとって、「自由」なる概念は、行為ではなく、環境にセットされてから行為に移行され

るのである。つまり、この自由の取り逃がしは「環境のせい」なのである。行為の前提たる環境が行為に反するのは、行為が悪い、それが行動上の論理である。

それにもかかわらず、この「環境」は、行為主体にとって「不自由」になる。

それは第1に、まず行動それ自体の貫徹の阻害である。構えた肉体の動きの阻害という現実は、「決して自己の想定のせいではない」とその自己の肉体自体によって教えるだろう。そして第2に、逆に言えば環境は変更不可だから環境なのであって、これは行為主体の事実認知に属するものである。この環境が変更しうるなら、獲物の逃走は自己の自由の疎外である。いつもなぜか獲物に逃げられる。その理由が自分よりも弱い人間Aが行う合図によってなされていることが知れた場合、クロヒョウは自己の自由の取り戻しのために人間Aにとびかかるであろう。

この事実認知の過程は決定的である。

ただし、人は事実認知の変更という、いわば自分が宙ぶらりんになる過程を「思考」と呼び、日常当然の過程と思い込んでいる。このため、人に告げるためには、話は逆になる。社会学書には「事実認知がどうであれ、その認知は生理性と賞賛―優越によって決定される」と書かなければならない。にもかかわらず、この事実認知の過程という前提の存在の有無を見過ごすわけにはいかない。

すなわち、人間における主観性の溝、とりわけ研究者に現象する主観性の溝がここにある。意味主義は、研究者の観念に依存する、という意味で主観的であるが、行動を実験的に明らかにしようとする行動主義も、現実の行為者の眼の前の現象が変化する内部過程を無視するという意味で、研究者主観的である。

問題は賞賛と優越の重視と生理性条件についての2通りの扱い方、前者におけるその主観的意義の限界の重さと、その対極ともなる後者におけるこの事実認知の変化の過程の重さとの、それぞれの無視にあるのである。

（エ）環境たる意味

現象学的「社会学」の根本欠陥は、「意味世界」なる観念世界を提示することにある。しかし、人間の行為環境にそんな世界はない。人間には意味を持った環境が存するのみである。「意味世界」の「意味」とは何か。人間が行為した際に、自己の行為の理由を考える際に自分が付与する、その理由である。もちろんそれが「嘘」だと言っているわけではない。人間の行為にその人間や現象学論者が言う「意味」はない、といっているのである。

人間にあるのは、確かに意味は持っているだろうが、意味を持った「環境」である。そして、それ以上に重要な認識は、人間はその環境に向かって、自分の「変革意味を込めた」事実認知によって立ち向かう、という、本質事項である。社会は自分や他者の「意味」ではなく、環境（の構成）によってできている。そう把握して初めて、では自分が次にどう行為したらよいのか、という社会的判断と行為が生まれるのである。意味？　自分か他者が意味を変えれば世界は変わる、では、社会科学は成立しない。

意味世界論者に言わせればこの「変革意味を込めた」事実認知路線も、ただの意味だ、というところだろうが、そうではない。自分という行為者が措定する「意味」は、「環境に対し矢を放つ弓」あるいは「環境の持つ意味について、これを変える意味を持った行動」という、その「いいたければ」包括的意味において、人間の行為の自己評価となるのである。

もっとも、「意味がない」という意味もあるが。それは別に不思議なことではなく、意味とはただの状態語で、行為者の次の行動への構えの内実を指すに過ぎないから。その状態がない、というだけのことである。

それでは環境とは何か。行為環境は、その物理体としては行為の意味を内に秘めた対象物であるが、行為にとっては意味を構成する意味の要素である。

同様に、環境の中で、反作用をくるくると変容させる各他者は、行為にとってはその場面場面に対して意味を既に備え終わって存する、意味の要素である。しかして、言い換えれば、行為の環境である。もちろん環境の意味は、次の瞬間には変更されることもあるだろうが、ポイントは、ある時点で備え終わっている、というのが行為者が存在する現実態なのである。

考えてもみよう。人間が何を感じたか、思ったかなどを斟酌《しんしゃく》することで社会科学ができるだろうか。いや、できない。ウェーバーやその追随者の自己満足の説明で終わるならそれでいいだろうが、社会事象の因果連関の社会科学を志向するならば、それはできない。ところが現象学の思考材料はそれら対象主体の思考にまつわる情報だけなのである。それでは次に生ずべき社会事象は語れない（注）。

もちろん、因果連関を定言化した上で、そのときに人々が何をどう感じ思ったかを広げてみるならそれを止めはしない。しかし、それは順序が全く逆である。それでは心理学でもない。文学である。

といって、私は意味世界論者が間違っていると言っているのではない。幸か不幸か、一つのアプローチからは一連の結論しか出ないが、意味世界アプローチでは社会科学的結論は一つも出ないだろうと言っているだけである。それは間違いなのではなく実質不可能だろう、というわけである、

（注）ウェーバーによれば、「社会学とは、社会的行為を解明しつつ理解し、これによってその経過とその結果とを因果的に説明しようとする一つの科学」であるという。
M. ウェーバー『社会学の基礎概念』阿閉・内藤訳、恒星社厚生閣、１９８７、６１７ページ。
正確に言えばそんな例の対象者は複数人であり、そもそも元の定義から外れている上に、「複数人の意図」など存在するはずもない＝論者の勝手自由な論になるしかないのである。この場合論者の行動は自己の行為の原理原則により、かくて原理的にウケ狙いとなるのである。

それは困った？

いや、そんなことを社会学者に教えてもらって喜ぶ行為者本人がいるだろうか？　いいやいない。現実にもそうした手続きは、行為者ではない他人のウケ狙いの評論の中にしか存在しない。だから誰も困りはしない。

あるいは制度とか権力とか、そんな定義を聞いて喜ぶ行為者がいるだろうか？　いいやいない。現実にそんな定義の結果、なにかが解明されたという論文を、私は知らない。

3　行為の焦点としての下位体系

（1）なぜ下位体系か

こうして、行為主体が具体的人間であるだけではならない。それではそこには解放への道はない。具体的人間とは、環境の中で生きているのだが、その環境を具体的な行為主体が扱う理論が必要なのだ。具体的人間に沿ってのそれは、理論上の社会システム論では扱えない。具体的な社会体系とは、システム論から見れば下位体系なのである。

他方、問題は、具体的な大社会なるものをいくら見ても、その社会に存在する人間行為への規定性は視えはしない、ということである。社会を見るものは、まず、システムとしての社会の規定性をつかまなければならないのである。

この社会システムに対して、では具体的な人間が生きている具体的現実とは何か。それは社会システムにとってはその下位の社会システムだ、と答えるしかない。ここに常に存在する、個人と社会との越えることのできない亀裂があるのである。

とはいえ、今回の我々の焦点は具体的人間である、生きている我々個人である。具体的人間が見るのはあくまで彼の周りの具体的現実である。ここに、また、我々は今度は、具体的集団・集合体と、下位体系との間の翻訳作業により、このアポリアを乗り越えるしかないのである。

ここで、もちろん人間の英知は万能ではない。動かしがたい真理なるものは決してない、と思うべきであるが、にもかかわらず、相対的にその時代でこれ以上ない英知というものがある。その資格である。

個人理論と社会理論の統合、あるいは接合の条件は、具体的人間が焦点の場合には、行為の一貫性の果実の確保であり、抽象理論にあっては、任意の人間行為者Aが行うはずの行為の結果の、外部の人間Bによる確保である。それぞれの確保が実現可能性として、因果連関の法則性として、担保されているか、ということである。

注意に書いておけば、それは決して「説明可能性」の担保ではない。説明など、誰にでもいくらでもいく様にもできる。それは科学ではない。科学とは、その理論によって現実に将来が予測されるか、ということである。「巨人が勝ったのはなぜか」という解説ではなく、「次の試合に先発投手Cにこういう行動をとらせれば勝つ」という預言である。

つまり説明というのは、1億人の民がいるところに言説を話せば、9999万人がきいてくれる世界である、数が多いが子供は親がそういえば納得するであろうから。そこで社会に現れる機能は、「我々の権威者がそう言った」というイデオロギー機能であり、それ以上のなにものでもない。

ところで預言は、たとえ理解ができなくとも、将来を投影させてくれる事象である。それが現実の事象で納得されれば、それはその1万人の、たとえ彼は行動はしなくとも、見通せる未来なのである。その預言と、それに則って誰でもが預言し続けうる判断を供給するものが、因果連関の理論である。

（2）非抽象的な集団、あるいは集合体

下位体系そのものは見えない。それは抽象性ではある。具体的な集団は抽象的とは言わない。しかし具体的といえば諸社会科学者は、私のテリトリーだと思うであろう。そうではないのだ。

本論でいう具体的とは、誰かが、とりわけ諸社会科学者が知らず知らず依拠してきた政府付きイデオローグの視点が作り上げた概念のなかで動く論議ではなく、生きている人間が実際の現実として脳細胞を動かしている、その対象のことを言うのである。

本来、あるいは事実として、社会学者が扱うのは、制度上設定された概念範囲で行動する、その行動者にまつわる事象である。当然に、その結果わかることは人間の行動そのものである。その人間が「構成する」と思われている社会範囲の性質が捉えられているわけではないのだ。

まず第1に、たとえそれが研究者のそれであれ、具体的人間の観察の記述は、資料にしかならない。そこにあるのは事実と、観察者の「日常」あるいは「イデオロギー」である。たしかにそこでの説明は、観察者の過去の日常の把握であり、そのために「合理的」でありうる。しかし、それは被観察者の生活のそれではない。人はその「事実」の部分をのみ抽出しなければならない。

ついで第2に、観察者が被観察者の思いを説明しきれたとしても、それは当該被観察者の日常にすぎない。もしもそれが「社会学」となるのであれば、当該被観察者は社会学者である。

本書で扱う具体的人間とは、そもそも個性ある人間のことではない（注）。ある人間が持つ環境たる社会過程を生きる姿ではなく、環境の中に自己の自由の抑圧を見た場合の彼のとりうる意志的行動

そのものである。その抽象的な、あるいはいいたければ観念的な過程が、本書の主題である。
（注）下位体系論で扱う人間の社会的交渉は、その交渉の結果システム構成員にいきわたる情報という存在のことであり、ある交渉の結果で個別に結果する情報の意義のことではない。
つまり、権力過程におけるあるAという行為者の交渉結果がどうであろうと、その一人の結果を他の99人の結果と同等のものとする社会過程がある。下位体系論ではその権力過程を視野に入れて、その結果、「Aと同様の役割を担っている行為者の業務が普遍的意義を持って存在する」と述べなければならない。そうでなければそれが必須の存在意義である社会科学の因果連関などつかめはしないのである。

もちろん、遊び仲間の遊び過程はそうではない。昨日は親友と思った人間も、ちょっとした言葉のいさかいで、「友人同士」の関係は帳消しにされる。明日はどうなるか、人間の関係など浮草のようなものだ。しかし、それは社会学であっても社会科学ではない。社会科学は「人間主義」ではない。

この逆の立場として、畠山弘文『官僚制支配の日常構造』三一書房、1989。

（3）社会システム

ではそもそも体系とは何か。

家、村、その上位の動かしがたさ。それらに翻弄される我。つまり、重層的な行為規制の理由―規定性である。

ではその「重層」とは何か。それは個人にとっては、構成員が集団化して行使せねばならない、その「理由」である。個人の束縛を問えば、「その上の」「その上の」と続く構造、それは仲間に聞いても分からない、ただ束縛的な何か、である。

行為者から見れば、この事態は、一方の「日常」と他方の「上位への回路」である。「嫌だからといって」さよならできない理由が下位体系であり、その残りの漠たる空中が上位体系である。

これを突き詰めていけば、「その上の」「その上の」で、最終的には「回路」だけになるのは間違いではない。これが行為者視点から見た体系であるが、実際にも上位体系は「それ以前の上位の」体系の上に形成される。それまでの下位体系に、共同体外生産、自然的偶発、その他の外在的な理由により追加された規定性に基づいて、下位体系の一部または全部が変形分離されたものが、新しい上位体系の骨格である。


さて、こうした「体系」の説明に対して納得のいかない向きもあろう。どうしても上位体系と下位体系の違いが判らない、という向きである。しかたがないので秘密を言えば、上位システムとは、実は、現実の反映の逆投影なのである。これに対して下位体系とは、行為者の社交、あるいは体面的形式なのである。

下位体系とはどうやって区切るのだ？　といわれれば、「その構成員がその行為においてその場を逃れては当該体系に貢献できない範囲」というわけである。「貢献」は50年前の機能主義用語である。

それでは上位体系だって同じではないか？

いや、全体社会と下位体系は次元が違うのである。当たり前だが当たり前以上に違う。下位体系は具体的な人間が彼の行為原則に沿って行為する場だ、ということである。この次は文章に強調の点々が付く。「だから実は抽象的に構成された理論ブロックなのである」。

「しかし、他方、具体的人間が行為していない、それゆえ抽象でできているはずの上位体系は、それゆえに、具体的現実なのである」。

つまり、人間は力の作用が見えない次元のことは何もわからない。その作用が見えて、それを操作する自分が見えて、ようやく世界の仕組みを知る。

もう一歩先に進むと、納得できる合理的結論の集積について、人は、その組み合わせまで納得することができる。そうやって、人間は科学の成果を自己のものにしてきた。

(4) 体系の認識論的次元

さて、では労働者が生きている体系とは何だろうか？　それは、彼が雇われている会社のみならず、その他の商品社会の広がりを含むものである。

そもそも規定性とは、個人行為者に換言すれば、彼の将来の展望である。彼の次の将来がそうなるかを決定する諸認知こそ規定因である、個人行為者としては。労働者は会社に勤めても首になっても、転職を考えても、同じ規定因のなかで生きている。

ではそれは観念上の事象かといえばそうではない。

「現実の動きの反映こそが、彼の将来認知の体系である。」

と言いたいところだが、ここでいくつかの前提条件が必要となる。

いままで社会学が扱ってきたものは、現実の人の集合体である。会社組織、労働組織、家族、農村共同体。それぞれが「現実の集合体」と名付けられ、観念されて、学的対象となってきたところである。

ところがここで、労働者が持つ体系は、それらを含みながらもそれらではない「(商品) 社会」だと言おうとしている。

これは少し変ではないか？　つまり、農村農民と同じ次元でいえば、労働者にはいくつも下位体系があるのである。

他方、農村社会が農村共同体としての規制を持つのと同様に、労働者が持つ各種集団は、資本主義生産関係から、同じ意味での規制を、各種それぞれに、持っている。

はて？　それでは労働者にとっての下位体系とは何か。

農村を下位体系とする同じ次元では、その各種であると表現せざるを得ない。

各種下位体系の持つ規定性に対応しなければならない労働者等、およびその影響を受けたマスメディアに教えられた若年者の行動様式は、価値の多様性として現象する。近現代社会が持つという価値観の多様性とは、意識や観念の問題ではない。規定性の多様性のことなのである。

すなわち下位体系とは、その行為者たる構成員のそれぞれに、規定性としてバリエーションの中の一を与える存在である。何を言いたいかといえば、それは「個人の」領域を形成するもの、としてしか認知されない存在なのである。

これに対して上位体系とは、下位体系に包摂されない、下位体系の構成員に規定性を注ぎ込むもの、として認知されるしかない存在なのである。

（5）全体社会理論と下位体系の理論

全体システム論の焦点は、人間の行為を限定する「規定性」なわけだが、人間の具体的人間の存在様式を語るためには、そうではなく、人間の個的性に注目する必要があるのである。英語にして再翻訳すれば「個体性」というわけだが、ある環境の中での全的個人に注目する必要がある、というわけだ。

しかし、そんな人それぞれの要素に注目して、それで普遍理論を語れるのであろうか？

それを担保するものが、かえって、環境要因ということになるのである。環境要因の定式化が具体的人間の「登場」をお待ちする、その劇場を用意するわけである。

では、その環境要因の定式化と規定性の抽出とはどこが違うのであろうか？

そこでは具体的人間は「制約」されないのである。そこでは人間は自分の思うようにふるまうことができる。それこそが、社会にどんな「役割」を強いられていようとも、人間の存在形式なのである。

その代わり、環境は自分に都合よくは動いてくれない。その動かないものをどうやって動かすか、ここに環境を普遍的に定式化し、ご希望であれば行為者が座れるその操縦席を提供するわけである。

そこでの規定性は、いわば、当該下位体系の存立根拠の規定性となる。それが最終的に倒壊するにしても、とりあえず存在している間の根拠、というわけである。

筆者が過去展開してきた全体社会論が「現実の社会」が「行為の次元」に乗っていたのに対して、これから述べる下位体系論は、「現実の個人」が「諸下位体系」に乗っかるさまを描いて、現実の個人に振り戻す、具体的には「自覚させる」。問題の解明先が違うのだ。

（補註）下位体系と社会学

さて、主意主義的人間が登場人物である社会理論においては、自分の目の前にあるものは「社会」と呼ばれるネットワークである。科学はこれを変えうる立言をしなければならない。ではどうやって変えたらいいんだ。変えるからにはその仕組みがわからなければならない、ではその仕組みとは何か。

そう自問したとき、「社会」なるものが実体として屹立する。屹立したらさあ大変、人間ならその行為を変えようとすれば、「脅す」とか「お願いする」とか、方法だけはわかるが、得体のしれないこの物体、どのスイッチを押せば変わってくれるのだろうか？

改めて社会学者諸氏の視点に立ってみると、なるほど何にも見えはしない。

というわけで、研究者の視点が行為者に凝り固まってしまうと、この眼前に、「社会体系」が屹立してしまうわけである。これは理論者の欠陥ではなく、いたし方のないところなのである。

さてそこで、では「その社会体系が何でできているか」という問いが出る。その構成要素を変えればシステムは変わるだろう、と。これが functional prerequisites である。

このとき、社会システムの必要前提条件というものは、当該レベルのシステム概念に付属するものではない。

社会の存立には、「経済」や「政治」が必要なことは想像がつく。では「経済」のうちのどれだけの要素が必要なのか。「政治」の中のどれだけの要素が必要なのか。これらは決してアプリオリに決定されていることではない。理論者が付け加えるものなのである。そして何を追加するかは理論者の腕次第、ということになるのである。このレベルでは、つまり主意主義的行為論者の「全体社会的システム理論」のレベルでは、その概念構成の恣意に属するものであり、なんら科学上の意味はないのである。

つまり、この視座では、あろうことか、社会学は学の帝王ではなくなってしまう。政治経済学にお伺いを立てねばならない。これは筆者の社会学が政治経済学を人間社会につなげているのと、真逆な状況が生まれているわけである。

さて、しかし、だからだめだ、と限るわけではない。

この困難というか理論上の矛盾が生ずるのは、行為理論から立ち上がろうとしているのに、「研究者Aの頭で社会のことを考えようとする」ためなのである。人のせいにしてはいけない。

社会のネットワークはそこにはない。下位体系である登場人物の環境の中にしかない。

たとえば、支配者という「下位」体系の構成員について、すなわち、社会体系の具体的人間の所作について、上位ステムの管理者は、つまり支配者とその代理人たちは、飲み屋でバカ話した帰りの電車内で、その主張の重大さに気づくのである。「これを許しては我が国は滅びる」。もちろん滅びるのは国ではなく彼らの体制なのだが、支配者と彼らの代理人は、そのくらいには目先が効くのである。

と言って、もちろんそれらはＡＧＩＬではない。彼らの目の前に屹立するものは、集約すれば、
1　資本主義的利潤体系の問題であり、
2　政治体系をそのまま裏返すことはできないので、政治主宰者の変更の問題であり、
3　秩序の各構成的正当性の保持ないし創成の問題である。
なんだ、ＡＧＬではないか、と言えばそうではない。これらは断じて「平面」で描けるものでもなく、サ

イクルを描くものでもない。２、３は利潤体系に付随して動く2次元のものである。そうか、それにＩもないな、とお受け取りなら、それも違う。

パーソンズ等に周到に練られた末のＩの存在は、決して支配者存立の問題ではない。これは存続の必要条件ではなく、崩壊に係る必要条件、破れ目を糊塗するための手段なのである。

もっとも、すべてＡＧＩＬ図式は資本主義擁護の学者たちが精魂込めた結果なのであり、決して軽視すべきものではない。が、彼らの思惑から外れた変革の視点からは、残念ながら、その平面性あるいは同格性は、社会科学においては、あるいは生きている人間においては、致命的な非現実性、あるいは非行為理論性を帯びるのである。

さて、改めて注意を喚起しておくが、今述べたことは、支配者の下にある「下位体系」として意味を持つ議論である。決して全体社会の理論ではない。全体社会の一部としても意味のある議論になりはしないことは、既に述べてきたとおりである。

4　科学であることとその特性

(1) 規定性と法則的因果連関

規定性とは、それにかかわる行為者の意思の如何にかかわらず、結果としてその「規定性」が示す理論的方向に事態が動くときの、その論理的先見である。すなわち環境による行為者への強制について把握されたその根拠である。

たとえばある生産共同体内の農民は、彼個人の意思にかかわらず、生きていくために生産共同体の多くの「キマリ」に従わなければならない。このときの行為者の生理的身体維持の条件が「規定性」である。

イエの場合、現代日本においては村落共同体の「キマリ」に従うことは絶対ではなくなった。町に出て他の産業へつけばよいからである。そうされては困る村落共同体の権力者は態度を軟化させざるを得ない。あるいは権力行使をほどほどにしなければならない。かくて日本には「イエ」の規定性はなくなり、思い出と同情の中に生きるだけとなり終わった。このとき以降の家族を「イエ」と呼んではいけない、ということである。全く歴史的規定性の違うものに同じ名称を振るのは、結局何もわかっていないということである。

さて問題はそこではない。問題は、では相手はそれぞれ個性のある気ままな個人の行為だというのに、科学としての法則性は何を担保に確保されるのか、という点にある（注1）。

それはもちろん行為理論である。

行為理論において、ある規定性の下の個人行為者の行為はなぜ客観的に想定しうるものとならざるを得ないか、それが具体性の社会学の、しかし抽象的な筋道なのである。

例を出そう。

たとえば、システム論上の因果連関では、「運動はその権力性により行為者の賞賛と優越をつかみ、それにより行為者を運動の理念の拡大に参加させる。この権力への対抗は、現象面はどうであれ、究極のところ人間の自由を拡大する。」と記する簡単な記述があったとしよう。ここでは運動の社会構成員による拡大についての因果連関が書かれている。

この同じ現象について、具体性の因果連関は、「ある人間が、世間で女性へのハラスメントが問題化している場合に、自己の過去のセクハラ例をネットに上げてさらに同様の非難に交じった場合、その行為は、その反セクハラ運動の理念を当該社会に広げることができる。ただ、広げたから具体的に誰がどうなるかはあずかり知らぬところである。」と書かれる。あるいはそうとしか書くことができない。それが具体性の次元である。

「当然だ、そのために行動をしているんだ。そんなことをわざわざ聞きたいなどと思わない」というのが運動内行為者の反応だろう。

おっしゃるとおりである。そんなものは科学でも何でもない。それが科学であるためには、その文言の間を理論的に確定させる手続きが必要となる。なぜその行為が運動の理念を社会に広げるのかについての、当該行為者に理解しうるその他の人間の行為の継起についての、行為論的（心理学的）説明であり、その行為の継起が、どんな環境要素の配置の中で生じてしまうか、の理論的確定である。

つまり、具体性の次元では、ある社会事象の持つ社会システム上の意義は語ることができない。もちろん社会について知っている論者は、自由に知っていることを表現していいのだが、しかし、この点に関しては知っている論者が書いても「付記」にしかならない、ということである。具体性の次元で説くことのできることは、システムの姿ではなく、あくまで当人と他の行為者の行為であり、その連関なのである。これは実は当然である。行為論しか使っていないのであるから、その結果は行為の次元である。つまり具体性の社会学とは、他者の行動様態把握の「科学」なのである。決して「社会」の科学ではない。そういって悪ければ、その社会学の「社会」とは、他者の行動様態なのである。同じことだが。

全体体系を問題にするときの課題は、トータルとしての社会事象が全体社会にどうかかわっているか、ということの解明である。この過程において個人の行為がどうかかわるか、ということはその個人の立場によって異なるものであり、それは個人行為者の生き方にゆだねられる。

対して具体性の次元では、個人の行動そのものが問題なのであり、その結果の解明が一歩一歩進めばよいのである。その結果何百歩後に社会システムがどうなるかを告げるのは、本来は2次的な問題である。しかしとはいえ、生活する行為主体は現実には全体システムを見据えて動かざるを得ない。ここで個人行為者を、ある程度、固定化することにより、その行動の結果で社会システムがどうなるかを、科学的に、客観的に、個人行為者に知らせることができる。

ただしこれは具体性の社会学の作業ではない。当該「社会学」によって人間の解放への道が明らかにされることはない。

そもそもがここまでが具体性の社会学の限界ではある。といって、斜に構えているわけにもいかないが、本書の最終章では、もう一歩先の地点を提示するであろう（注2）。

（注1）　社会科学が因果連関の「法則」を立言する「科学」である点については、筆者が常に口を酸っぱくして述べているところであるが、そもそもは安田三郎の言に納得したところに源があるかもしれない。
ヴィンデルバントあるいはリッケルト、M．ウェーバー等の新カント派の主張と異なり、社会学が「科学」であるという点については、安田三郎『社会学』、日本女子大学通信教育部、１９７２。

前者の主張は、W．ヴィンデルバント『歴史と自然科学・道徳の原理に就て・聖』篠田英雄訳、岩波書店、１９３６。

「経験的科学の或ものは現実的生起の恒常不変なる形式を考察し、他のものは同じく現実的生起の夫れ自身に於て規定された一回的内容を観察する。前者は法則科学であり、後者は事件科学である。（略）前者の場合には法則定立的であり、後者の場合は個性記述的である」。19ページ。
（注2）誰でもが義務のように言う「なになにをしなければならない」の類の提言は、およそデモの一つもしたことのない、あるいは運動の組織化をしたこともない人間の空語である。言うだけましではあるが。
本編は、そうした古今東西、いつもはびこる空語に対して、「そこから先」の、「ではどうしたらいいか」を提示するものである。いわば、ゼロのベクトルに無限の到達点を示すものである。

といっても、社会科学は、現実の行為者の間の行為者をして「実践」する方法を述べるわけではない。なぜか。社会には矛盾があるからであり、矛盾を担うのは、各行為者だからである。

社会科学上の各行為者に選択の余地があろうか？　いやない。

ではその行為者がコンフリクト状態にあるとして、その矛盾をわきまえる社会科学者は、そのどちらかに肩入れすべきであろうか？　いや、社会科学者は真摯に生きる各々の行為者について公平である。それ以上どうしろというのだ？

社会科学は現実を「概念」としてとらえ、その概念間の関係を、いわば「口頭で」述べるしか方法がない。社会的存在としては、いわば、口舌の徒の一種である。その優位は肉体によっても武器によってもいないのであるから、しょうがない。それ以上はないものねだりである。現実に矛盾があれば、答弁も矛盾を前提にせざるを得ない。

したがって社会科学によって、戦闘者の一方を勝たせることはできない。一種、残念なことではあるが、科学は社会の矛盾にとっては中立である、ともいえる。科学は社会と同じく、矛盾を止揚する方法を述べるのであって、矛盾の片側にはつかないのである。そうでなければ社会科学者は、当該2方のどちらかに肩入れをしなければならない。しかし、片方が善だとかいうそんな歴史は、支配発生以来の人間の世には、ないのである。科学の価値観念は、止揚の仕方にあるのである。

ある矛盾は、次の段階で、どちらかが「勝つ」かのごとき外見をもって解消する、ようにも見える。しかしそうではない。未来がその先にあると事実を根拠に告げることが、彼の、いわば、肩入れなのである。

（2）科学の要件たる「客観性」とは

他者についての学の基本は、「彼はこう行動する」「なぜ?」、という過程である。それが人間の基本的社交様式であるから。このときの「なぜ」の答えの評価について、その「正しさ」の基礎は「同様の人間同士」という前提である。「同様の人間だから、社会学者Aである私にもわかる」。
しかしそれは、
第1に抽象と抽象の重ね合わせに過ぎない。つまり、他人の状況を推測し、これに相手も思うはずと信ずる、実は自分が見聞きし体験した状況を重ね合わせる。これでは本当かどうかもわからない。もちろん、「本当でなくともよい」という立場はありうる。
第2に、他人には何も通じない。そんな抽象語では現実の身体反応等は伝わらない。

状況と反応について、ある大状況は登場人物に共通の状況である。その共通の中で、小状況を受け持つそれぞれの個別な登場人物に応じて、「反応」が決まるのである。これを提示せずして「真実」はない。

しかも大状況を勝手に切り刻んで割り振る、これは人間存在への不遜である。これを「間主観」と呼ぼうが事情は同じである。自称「間主観」たる妥当性の規準はなんなのか、ということである。


さて、話はさらに続く。

それではここで、社会学者Aによる行為者の状況の分別基準はなんであろうか。

たかだか「説明」から、登場人物の「主観的な意味」を抜いたものであろう。そもそもの構成から意味を抜いているから何の意味もなくなるわけだ。

しかも元が「説明」であるということは、もともとが各登場人物の意味の物語であるわけだ。そこから意味を抜き去れば、カスさえも残らない、という次第である（注）。

客観性追求とは、
第1に、当事者がいかに力を振り絞って血の滴る叫びを表現しようと、結果としてその叫びに耳をふさぐ反応である。
第2に、ここで、歴史的当事者は、その時の自己の生計の扶養者の意に従い、その主体的イデオロギーの発生根拠を探り、公的他者に伝える。そのことに「学問的」意義があると思うのは、そのときの生計の扶養者を自己の視界からなくす、子どものような作業、あるいは科学上の虚偽に過ぎない。科学はその定言自体の公的他者による現実的合成の妥当性を要求する。ところで或る生計扶養者の言は、その扶養がなくなった時点で崩壊するのである。わかりやすい例では、王の下僕である政治評論者は、王の考えに沿うように自己の論を立て、1年後王に疎んじられれば、過去の敵対諸侯に都合よく論をまとめ直す。現代に王はいない、とお考えの向きには、好きな政治学者の論を読んでから、現代の体制の支配的イデオロギーに思いを馳せていただきたい。その際の対照用の対偶イデオロギーには、アナーキズムが明快で良いと思われる。

さてしかし、こんなことを暴露したからといってなんなのだろうか？　ただの人間の性向への悪口なのだろうか？

いやそうではない。それこそが、社会学得意の社会被拘束性の体現なのである。

人は自己の自由のもとに発言をする。しかし、その自由は権力社会上は許されてはいない。諸権力の要求、要望、訓令に「潜在的に」沿ったものが、自己の自由に基づく発言を否定にかかるのである。「客観的」理論によって。いわく被拘束性。自分のことは棚に上げて。

話は全く逆である。或る「社会被拘束」的な主張は、それが担う社会性によって、当然発言の権利を持つ。これに歯向かうものは、その利害獲得陣営にとって、ただの「敵対勢力」である。敵対勢力の意向はそもそも、「客観性」なるものの埒外なのが当然なのである。

ものごとはシンプルである。

もちろん立場が逆の「『社会被拘束』的な主張」においても同様である。彼らは主張する「権利も義務」も持ち、これを聞く者もそれを聞く「権利も義務も」持つ。他方、これにしらを切って批判を加えるものは、社会の当然の自然の摂理によって、「ヌエ」あるいは「スパイ」に過ぎない。それはただの「プチブル」の、彼ら自身以外誰一人聞く耳を持たない「主張」である。古い社会学徒は思い起こされるように、昔のマルキストの決まり文句そのものである。

残念ながら社会学とは、そうした主体的な人民の動きに対して、これに冷水を浴びせるべく発達した学問なのである。もちろん、政治学、経済学も同様であるが。得体のしれない「客観性」とは、定義は見たことはないが、大方の納得が得られる、程の意味であろう。客観的で合理的である限り、絶対に体制は転覆されない。それを特定個人が考えたとしたらよほどの天才であるが、実のところ、諸学者が試行錯誤の上それが「社会学」なる領域を作ったのである。すべての人民の主体的活動へ冷水を浴びせる「学」、それが社会学なのである。それでも王の学である政治学、経済学とは違う。他方に種々の対抗評論を見る立場上、それは、「中産階級の」、しかし「同情の」学である。この性格は、その学の構成上、今に至るまで変わることはない。

（注）社会学が当然のように大事にしてきた客観性と因果連関的「説明」（因果連関の「法則」ではない）の詳細については、周知のように左記。
M．ウェーバー「社会科学および社会政策の認識の『客観性』」『世界の大思想　23』所収、出口勇蔵／訳、河出書房新社、１９６５。

5　具体的人間の次元における「意味」

（1）システム論的把握と異なる具体的人間の意味

再度述べれば、システム上は生活を問題にしている。経済、あるいは生活を規定するその他の規定因を見ている。そこから叙述を展開していく。

一方、具体的人間にとって外界は、社会科学的表象ではなくて、その表象の組み合わせを自己において「意味」となし、あたかもその意味にささげるかの如く、次の一歩を計画して足を踏み出す。だから、この間に嘘も生まれる。その嘘は現実の規定因の組み合わせにおいて自己の中で否定されるまで、しばらくの間「正しい」のである。

ここで生ずるのは、嘘を含めた事実認知と、その嘘を含めた事実がもたらす意味、生理性と賞賛と優越である。

生産関係から直接生ずるのは、嘘を含めた事実、つまり会社の社長は社員のことを考えている・あるいはいない、という嘘を含めた事実である。生産関係からは、それは嘘ないし自己欺瞞だ、という答えの下に無視される。他方、その事実認知に必ず含まれる「価値」ないし「賞賛と優越」については、システム論内部の行為共同性の分析の下に、処理されるのである。

具体的人間のレベルでは、将来イメージの提示について事実認知が、「世の中の流れ」について、賞賛と優越が、叙述されるわけである。

繰り返すが、だからといってイデオロギーが世界を決めているわけではない。イデオロギーが全体社会の規定性によって作成されるのである。それに付け加えられる人間の寄与は、事実認知の作成のための人間の論理的活動（社会科学）と、日々を生きる複数の人間のネットワークである。

（2）具体的人間における「観念体」

具体的人間は、環境情報の一部を「観念体」として把握する。つまり行為主体に「カテゴリー化された存在」である。ここに行為論上、観念が問題になる場合に生ずる注意点がある。

第1に、カテゴリー化された存在が脳神経にあるだけでは行為共同性がないため、賞賛と優越の感受情報にはならない。たとえば「ユダヤ人」というカテゴリーは、行為主体に賞賛や優越を与えない。ユダヤ人が賞賛や優越の対象となるのはそのカテゴリーが、具体的な人間たちによって言語用具として使われてからである。

第2に、カテゴリー化された存在は、その範疇それ自体が生理的条件となる、といった場面以外では、生理的条件の要素とはならない。たとえば「ユダヤ人」はナチスによる排除対象として暴力の的となって初めて生理的条件となるが、ある人間が「ユダヤ人」だから、という理由で生理的な意義を持つわけではない。

もちろんこのように、観念体は範疇として差別を受ける事態がある。しかし、これは逆に地位的差別がこれを救うし、あるいは逆に地位的差別のなさがこの条件を引き起こす。たとえばイスラエルでは「ユダヤ人」は逆差別の上位である。一方、同じ国家内で同じ平民の中のユダヤ人は、権力者かその特徴を出して虐げれば、その虐げ力による「劣等」の顕在化により、ユダヤ人は自己よりも下位となる。

社会科学の観念の問題は、その観念がどこから移ってきたかでもなく、どの観念が知覚されうるか否か、という問題でもない。どこからやってこようと、知覚されようがされまいが、その観念によって、当該行為主体の将来の選択が影響されるのかされないのか、その1点であり、その1点とは、その観念が生理性・賞賛・優越の情報を運びうるか否かによるのである。社会科学上の観念の規定には、哲学や認知言語学の規定は全く役に立たない。

つまり、知覚対象をある成分に持つ観念は、ある場合にそれを母語に持つ人々について、その意義を大きく変える。

これは、表現としては、「ある人々が観念を変える」としたほうが扱いやすいが、その一方でその現象を取り扱うときに観念論になりやすい。その意味で「言葉の意義が大きくなる」といったほうが、人間には扱いやすいのである。

といっても情報としては大した問題ではない。「日本」や「ドイツ」といっても理解できないが「親と連携づけられた写真の天皇」や「ドイツ帝国として動くヒトラー」であれば意義を持ちうる、ということである。

ここで、権威主義とかと社会学者にスタンプされる人々は、権威の供給基盤を何かに求めているわけであり、それが知覚対象を要素として含んだ観念物なのである。

「女」とは母であり妻であり娘であり、「障害者」とは祖父であり子どもである。

もちろんそれは知覚対象全体ではない。狐も狸も狼も、一般日常生活では賞賛と優越の対象にはなり得ないのである。が、一方、「日本」も「ドイツ」も「真理」も「善」も、権威にはなり得ないのである。


さて他方、観念対象の言葉は、行為主体において知覚状況化する。

観念語はそのままでは行為主体にとって「意味」をなさない。観念語は、自己の経験の中のその意味を捕まえなければならない。ここに、人間の意味とバーターされた知覚対象が出現する。

しかし行為主体は、人間の本性に従って、事実認知のもとに、生理的条件を探求し、人々の間にあって満足を得るために、賞賛と優越を希求する。

観念語は論理の中にいる間は論理の網をたぐっているだけだからよいが（注1）、その「論理がわかった」瞬間とは、その論理が知覚状況化した瞬間なのである。このとき論理内の観念語は、論理とともに行為主体の知覚となり、個々の観念語はこの知覚の構成素となる（注2）。

（注1）　そもそも文の構成前提は、伝達意志と被伝達意志である。文は他者に伝達するために存在する。それは何を伝達するのだろうか？　その言葉の歴史的起源において伝達文は知覚対象の状態の伝達である、そのために存在する文は、そのための構成素の存在とその理解を必須とする。
知覚しなくて済む観念対象について必要なのは、肯定と否定であり、この観念対象が「知覚」のマントをまとうまで、観念は肯定と否定のつづら折りの道を通ってゆくだけである。

文としての観念対象の構成は、肯定と否定とに基づく。

存在と無存在ではなく、肯定と否定である。

「哲学の目的は真理の樹立である」という文について必須なのは、「である」という肯定観念であり、同様に「哲学の目的は真理の樹立ではない」という文についての否定である。

その文に出ている構成素の関連の仕方を否定する機能語である。

もちろんこれは知覚対象にかかわる文でも存在する神経回路であり、観念対象に専有されるものではない。「山は火事」について「である」も「でない」もおよそ伝達文であれば必要な構成素である。

といっても、被伝達者の意図はその文が事実について肯定的か否定的かという点にある。このためその論理の途中経過が間違っているかいないか、諸用語が自己のワーキングメモリーの範囲内にある間において、これを検討せねばならない。その諸用語の流れに論理的整合性がある場合は、ついで、その表象の全体的検討を行う。その根拠は己の知覚的事実認知である。伝達者の観念論議が、「あたかもそれが伝達者の伝達内容であるかのように」、被伝達者において脳内に表出されなければならないのである。

（注2） 観念対象が知覚対象のマントをまとう点について、銀林浩が数学的対象につき、操作―イメージ―記号の推移が必要である旨、指摘している。
銀林浩「算数・数学における理解」『理解とは何か』所収、佐伯胖編、東京大学出版会、１９８５。

6　抑圧からの解放とは

（1）本来の人間

哲学者は倫理学者とは異なり「本来の人間」などない、と言いたがる。それは誤ってはいない。しかし、本来から一歩現実に近づいた時点で存する「準・本来の人間」が存することに意を介さない。自己の発現の意味を自分の生活で確かめようとしないからである。哲学者がそういう怠惰な職業でないことは、自分の「哲学」で反論して欲しいものだが、それは余計言である。

生活する人間個人には「取り戻したい」という言葉を使いたい状態が存する。それは、「お前はそんなものを持っていなかったじゃないか」という言葉では到達できない地点への言である。持っていない者に「取り戻す」という言葉を使えないなら「本来」という日本語は不要である。「世が世ならば」「あの出来事さえなければ」持つことのできたはずの現在こそ、人間が常に別の場所を目指して変改していく環境なのである。

すなわち「疎外」である。

たしかに疎外とは「本来の人間」を取り戻すことではないが、現状の人間の状態を変更しなければならない、あるいは「変えなければ嫌だ」と考えが生ずる状態なのである。さて、ここで「変えてどうするんだ、お前みたいな生まれてこの方の奴隷にその先がわかるのか」という哲学者の嫌がらせの問いに、「わかるとも。俺は人間なのだ。人間の喜びはわかっている」と応え得る、その誇り高き言葉の基盤こそ「本来の人間（準）」なのである。

それは哲学者や倫理学者が言葉で作った地点ではない。生きた人間がそれぞれに知っている、それぞれに別の、「満足の地点」なのである。

（2）解放とは

さて、我々人民は、すべての悪の行為、すなわち日々の生活の中で自己に迫ってくる世間で「悪」と呼ばれる行為の強制に、どう対抗していくか、という思想的課題を任されている。

我々人民は、花崎皋平の言を翻訳すれば、「自分の少数者性」、「自分の加害者性」、「一元的な価値の排除」、すなわちすべての社会的矛盾において弱者が担わされる立場が、各々の我々に任されている（注）。もちろん「70年」を生きて通り過ぎた我々は、花崎からではなく70年の思想的遺産としてこれを担い続けている。

つまり社会的自由ないし社会的解放とは、環境内で問題となっていた「支配」についての拘束の排除であると同時に、行為共同性による「自由な世界」の構築を含むのである。それが拘束の排除後の将来の明るさと持続性を支える。

人は支配を脱したからと言って安定な状況に達するわけではない。人は常に将来の自分を想定する。この持続性、つまり将来の自分の行為論的自由が確保されて初めて、人は解放を感じられるのである。

同様に、人は現在の状況を喜ぶ行為によってその喜びを確保する。身体の条件がクリアされている場合においては、人が観念活動によって自己の実存を確認するのは、直下に行動しなければならない諸事情、つまり、身体的危機にかかわる頭脳的整理だけだからである。身体的条件がクリアされていなければ、そもそもこの事態は生じない。この危機の無さの確認後、人は、他者と一緒に喜ぶことによって、過去の自己の行為の意義を、記憶の底で認知するのである。

人は、資本主義社会を前提に「協働」や「共生」を説く。このような論議はいっさい無駄である。凡そ人間は、個人に戻れば誰でも人と共同し共生するのだ。これを妨げているものを排除しさえすればよい。資本主義的支配であり、国家計画経済的支配である。

にもかかわらず、人は共同や共生についてしゃべりたがる。問題はそこではないのだ。

（注）花崎皋平『解放の哲学をめざして』有斐閣、１９８６。

（3）解放の方法

さて、人間は、自己の権力が増加し、意のままにできる他者ができれば満足することは、組織人間を眺めていればよくわかるところである。これは行為の原理原則にも合致する。ただ、一時的・限定的な権力に過ぎないが本人はそれでもよいように見える。これを「とりあえずの解放」あるいは相対的権力の入手と呼ぼう。

ではこのとりあえずの解放、あるいは相対的権力を手に入れる道はどういう道か。

支配権力を頂点とする階段化された道である。階段は時々の上位権力であり、これを昇るよすがが賞賛と優越である。たとえば会社の出世街道と、これを上ろうとする社員の気持ちである。

上位権力といってもこれはピラミッド化された権力を指すものではない。現在の地点からみた、現在を解放する権力のことであり、それが「実際の」権力とは限らない。要は、行為者がそう観念する権力状態である。会社の管理職階梯には権力がついていようが、大学教授の階梯に権力が伴うのは、当該大学の教授会だけであろう、が、同様の評判の大学であればA大学の「教授」はB大学の准教授より「上位」であると考えてもおかしくはない。

これらの場合、人は、自己、あるいは自己の集団の力の自覚と、賞賛の認知を、事実認知の両輪として、権力に食い込む。自分の有名大学卒の肩書や、労働組合職制の実績を抱えて、自分の年齢で課長になれば入る「名声」を求めて、人は上司に取り入る。

このとき、法は、事実上は、行為者にとっての強制された事実認知である。

人は、「福祉法が成立した高齢者が、貧乏でいいわけがない」、と思うことができる。

同じ過程が、同時に、究極的解放の階梯を構成する。

すなわち、観照の中で認知され、その認知が主体の行動に転化される。この転化の事実が、次に、別の、しかし、同じ将来をもつべき具体的主体と出逢ったときに、一瞬で協働に転化するのである。「女性のためにできた福祉法は、障害者にも適用されて当然である」。そう思った女性と障害者は、同調してソサイアティを作りうる。

この段階の「解放」の記述で考慮することは、1人しかいない行為主体の中で同時に影響しあう過程をどう記述するか、ということである。

もちろん他の問題として、ここにはまず他の要因が入っていない。環境、とりわけ行為主体の生理性の環境は刻一刻と変わる。環境とは、生産関係であり、国外を含んだ武力状況である。今述べているのはそうした全体社会の過程ではなく、人間行為の抽象された過程なのである。

さらにもちろん、これは歴史の過程ではない。歴史の中で繰り返す過程なのである。

一言で言えば、「日々の過程」である。

自由を求める行為主体は、自己の自由を求める、いわば低級な、行為の累積の中で、自己及び自己と同じ状況を抱える他者と、新しい社会段階の契機をつくり、その契機の中で現実に自由を求める闘争を続ける。

そもそもが人が動くのは、主観エリートたる政治学者や前衛が思うような「イデオロギー」ではないのだ。

本来の唯物史観が析出すべき変革主体は、イデオロギーではなく、同じ行為共同性を持った一連の集合性なのだ。イデオロギーなどという、自分の身が危うくなったら脱ぎ捨ててしまう仮装ではない。そこから命をめぐる賞賛と優越を受けられる「階級」、「労資」といった規定性を持たない純粋な「階級」、それこそが、マルクスは気づいているかどうかは知らないが、変革主体の必須契機なのだ。

ここで最大限重要なことは、これは高々のインテリのなしうる技ではない、ということである。インテリはこの過程を頭脳上で夢見ることができる。その状況は「上部構造論」なるものの「理論」とたがい、自称マルキストたちは「あれ?」とでもいって自己の唯物史観に疑いを持つであろう。しかしそうではない。

ただしそれは、いったように、メカニズムであって歴史ではない。そのメカニズムが歴史になるには、筆者がすでに明らかにした、資本主義の歴史が必要なのだ。

（4）歴史の進展

こうして、生理性の獲得により良い条件がある場合、人は次の一歩をそれに使う。

生理性の確保に我慢することができる場合、状況は、もちろん、賞賛と優越で決定される。

賞賛と優越が、彼ないし彼女を満足させ得る場合、その希望の下に彼らはそのシステムを生きる。

その賞賛と優越がシステムに歯向かった場合に、初めて、彼ないし彼女はシステムに牙を向ける。

この状況において、生理性が確保されているシステムの保持者、あるいは管理者は、彼の優越と賞賛に沿って、彼のなすべき道を志向するところだが、人民と同じ賞賛と優越を保持する管理者は、結果として、システムの保持者に牙をむく。

（5）主体性と事実認知

そもそも主体性とは将来を自分で決める、ということである。

そういうと「人間は誰だって自分で決めているじゃないか」と返ってくる哲学者や他人事の評論の問題ではない。そんな議論には、「お前の3歩の歩みはお前が選んだ将来なのか、淋しい奴だな」と返すしかない。3歩の歩みが自分で決めた将来なのは、「なんとか今日は3歩歩いてやろう」というリハビリ者だけであるべきだ。

もちろん筆者の行為論が示すように、自分の将来を自分の想定通りに実行することが人間の「自由」である。自分の想定通りに自分で3歩歩くこと自体は、人間の自由の享受である。だからリハビリ者の喜びともなる。

しかし、それは無意識だが反省しうる想定あるいは意識的な想定によって支えられる、生態的な欲求を基礎としている。強いられた3歩や取引された3歩は、彼の自由ではない。

わかりやすく言えば、強いられた行進は自由ではないし、その時の主体性はとらわれていると集約するしかないが、リハビリの3歩や散歩から帰ってきた快い疲れから反省された３００歩は、彼の自由なのである。それはただの観念ではないことに、彼の身体からは快楽ホルモンが出るであろう。

このように、行為主体の行為は事実認知で支えられている。

ことが知覚対象であればそうそう問題にはならない。しかし、ことが観念対象であれば、この主体的反省が決定的な意味を帯びる。人は「社会の海の中で」、自分で問題を設定し、自分でその解決を図るのである。それは可能態ではない。社会の賞賛と優越を目の前にして、人は自己の賞賛と優越を策定する。つまり、自己のなかでそう実践せざるを得ないのである。

これを言い換えれば、行為者の主体性とは、行為主体の状況解釈の如何によるのである。まさに主体にしか成し得ぬ、「主体の特質」なのである。

第2節　行為の原理・原則及び派生する行為論上の定式

本論の視角上の位置付けの如何を問わず、社会科学の理論は、行き当たりばったりの時々の評論でなしうるものではない。人間が行為し、その結果が「社会」となる以上、理論の根本は、その行為を司る法則、あるいはそれ以前の原理でなければならない。

人間がそんな大それた原理や法則を定置しうるのであろうか？

実は、人間とは私のことでありあなたのことである。それなのになぜ私たちに定置し得ないのだろうか？　私たちはそんなに「複雑な」生物なのか。

いや、複雑なのは人間が形作った関係の網目だけである。多少「差別的な」言い方をすれば、我々はネズミとでさえ3％以下の遺伝子の差しか持たないのである。それなのに人間だけが複雑なのか？いや違う。そもそも我々の行為は朝起きて夜寝るまで、普通の母国語の使い手であれば、それを何の苦もなく語れるほど単純な、生理活動でしかない。

以下に続く章では、人間の行為の基本原理・原則として、いくつかのキータームが頻出する。

まず、「生理性」と呼んでいくはずの自分の生理的身体を保全するという要求。端的には、飢えて死なないための方策の追求、という要求である。ついで、「賞賛」と呼んでいくはずの誰かにほめられたいという欲求。さらに、「優越」と呼んでいくはずの他者に対し自由気ままに振る舞いたいという欲求である。この3点は、以下の章に進む前に、確認していただかないと論が進まない。このため、以前の筆者の著作を知っている方には誰にも既にお目にかけた土台的な議論を、今回も記しておく。それらを読まれていない方は、まずはこれからの展開の前提として、最低限の用語定義に似た確認作業をしていただくことになる。本論は、以下の基本テーゼと、そのテーゼを使う著者の生で得た知との、コラボレーションである。

1　人間行為の形式的原理

自己の位置の変更をめぐる行為の前提過程としては、以下の3つの原理的過程と、それに加えて1組の原則を生み出す生理的1過程が必須となる。
第1に《状況の認知の原理》
人間は、現在の自分の状況と将来の状態へ移行する手段とを認知しなければ、反射運動以上の行為をすることはできない。
このような認知は優柔不断な人間や計算高い人間だけがすることのように受け取られそうだが、そうではなくて、どんな単純素朴な人間（や他の動物）のどんな行為にでも、不可欠なことなのである。酔っぱらってビール瓶で殴りかかるような人間でさえ、自分が酒場にいることを認知しており、一瞬の間に、自分の前にビール瓶があることと自分が以前に殴る動作をしたときのイメージと、自分の相手が負けるイメージとが、将来のイメージとして神経組織を走るはずである。

（もっともここで《イメージ》というのは、心に浮かぶ「イメージ」の根底にある作用のことで、現実には心に浮かぶ間もなく神経細胞を走り去っているかもしれない）

つまり簡単に言えば、人は自分がこうすれば相手がどうなるかを（誤解や誤謬はあるが）心の底で知って行為する。

第2に《将来感覚の認知の原理》
人間は行為する前に、かならずその行為を現実にしたときの自分を感覚してから行為するものである。

人間の反射運動を除いたすべての行為は、頭の中で処理されるスピードにこそ違いがあるが、この将来の感覚を媒介として（多くの場合はイメージを現象させつつ）成立しているのである。ただし、ここで感覚と表現したのは、行為者の身体内で予想作用の際に働く範囲での神経組織上の生理反応のことであり、痛みや満腹感といった行為実現後の身体反応のことではない。

先の例の酔っぱらいも、相手が負けたときの快感を認知して（予想的）期待とともに殴るわけである（もっともどこまで深く認知しているかは別だが）。

簡単に言えば、人は自分がこうしたときの自分の状況を心の底で知って行為する。

第3に《確認の原理》
人間は行為し終わった後に、その行為がどんな結果をもたらしたかを確認する。

これは、他の原理と違って、いつでも生ずるというと言いすぎである。しかし、人間が生き続けるにはある行為を別の場所でも適合するように修正して再使用していかなければならないわけだが、この意識的な行為の成立には不可欠なプロセスなのである。

先の例で、相手が血を流して倒れていたのを確認したら、次の機会にビール瓶を手に持ったときに神経組織を走るイメージが異なるだろう（それが快感で病みつきになるかもしれない）。

簡単に言えば、人は自分がしたことの結果を知らないと満足しない。もっとも、それは「こうなったはずである」と確信することで足りる。

2　人間行為の形式的原則

これらの必須の前提過程をもった行為の次の過程には、行為の選択を結果する生理的過程が存在する。これを5つの原則にまとめよう。
第1に《論理性の原則》
人間は、たとえ子どもでも、つじつまの合わない行為はしない。そもそも「考える」という行為は論理の道筋を必ず持っており、「考えて」する以上は、必ず何らかの意味で論理的な行為の選択なのである。この「論理」とは、以前に自分が行為した経験と今の状況との間で、どこが同一か、を高速にイメージすることである（注1）。
つまり、人は行為をするときは、自分の経験を通して、こうなる「はずだから」として考える。
第2に《好悪の原則》
人間は「好き嫌い」によって行為の選択をする。

これは別に愛情の有無をさすわけではない。人間が生物学的な存在であるところから、すべての行為について生理的な判断として「好悪」があり、この生理的な感覚が積み重なって、複雑な好悪判断がなされるのである。

つまり、人は、較べてみて、より好きなことをする。

第3に《経験の将来感覚の原則》
今述べた《好悪》は、具体的には、自分が過去に経験した生理的感覚の直接の記憶によって判断される。山に登って得た快感は、人に「僕は山が好きである」と思わせる。

ところで、この「山に登れば快感がある」という認知は、この快感の記憶とは別に、生理的快感の存在する場所として「よかった」イメージ、「うまくいった」イメージを保存させる。そして、自分と快感との関係を保存したこのイメージは、後になって別の行為の判断の際に刺激され、使用される。

たとえば、山を削って道路を作る計画は、先に得た快感関係のイメージを刺激し、「僕」はこの計画に反対するだろう（これは、僕が「山を好きである」からではなくて〈山には「性」もないし一般的に僕に対して対応をもつ主体でもない〉、過去の山との関係の認知を刺激するからである）。

「価値判断」と呼ばれる判断は、この好悪によって判断された経験上の記憶のイメージによるものである。

つまり、人の快感は具体的なモノにくっついて残る。そのモノは快感を呼ぶものとして人には大切なものになる。

第4に《優越的自由の原則》

人間は、行為の完成、つまり、一連の行為の流れを自己の意思のままに経験できたときに、自己の行為に満足を覚える。そのため、この行為を邪魔されずに自己の自由の下に行なえる担保として、他者に負けないことないし優越していることを望む。

正しく言えば、優越そのものを望むのではなく、いつも行為を達成できる状況を望むわけだが、この反復が日々の生活の中で、「優越」という一般概念を生む（注2）。

優越は、暴力と、権力によってつくられた段階的な社会的位置とによる。

ここで、自由を求めるための優越は、だからといって「優越」なる状況が普遍的に世間に存在するわけではない。優越は、暴力で勝利した瞬間や、同じことだが、第三者の暴力に支持されて、他者を意のままにした瞬間にしかない。したがって、《社会に》「優越」が存在するのは、権力的状況ないし権力に基礎づけられた財産制度、または対外的勢力状況が存在する場合に限られる。

そうではなくて、行為論上普遍的な、将来を見込んだ優越は、賞賛を受けることによって認知されるのである。

これは、日常的には最も重要な選択原則である。

要は、人は自分の好きなようにしたい。

第5に《賞賛（—規制）の原則》
人間は、他人から教育されて初めて一人で生存できる人間となれる。そこから、人に賞められることを望み、かつ、そのための人からの規制を甘受する、というより内在化する、心的機構を持たざるを得ない。

これは幼少期には重要な選択原則となる。ある年齢の子どもは（他の問題がなければ）人に賞められるように行為を選択する。また、潜在的には、大人になってもいわゆる「超自我」として重要な感覚を形成する（注3）。

賞賛は、基本的には生理的な規定性により、権力的上位にあたる年長者、神、等によってなされる。もっとも、主観的には、賞賛は自己の行為対象としての上位への対応を示しており、この資格において賞賛が社会制度化されている場合もある。たとえばコンテストでの1位等が社会制度の中で羨望や憧れの対象として構成される（注4）。

要は、人は誰かに賞められたい。あるいは賞賛が優越とセットになった場合、人は誰かに認められたい（注5）。

以上5つの原理原則の下で、人間は、自己の、ある行為の完成を求めて行為する（注6）。したがって、行為の本来は個人の持つ「自由」であり、種々の後発的環境的制限からの解放への志向である。もう少し易しい言葉を使えば、人は好き勝手なことをしたい。もっとも、都会の人間が砂漠の真ん中で「さあここならお前は自由である。好き勝手にしろ」といってもふつう楽しくはない。人は、他者の間で、したがって他者のために必然的に生ずる種々の制約の中で、自分の認知に沿って思い通りの行為ができたとき、生理的に満足する。

（注1）「この論理」とは、「ここでいう論理」という意味ではなく、「とにかく論理とは」という意味である。人間は誰も、行為に伴ってアリストテレスをなぞってはいない。人間はギリシア哲学を使って生きるのではなく、自分の論理を使って生きている。

（注2）　人間にとって優越それ自体が望みではないことは、家臣が強力で自分では何も決められない王は何も楽しくないだろうという想定で分かる。もちろん「分かる」ということは実際の王がどうだ、ということではなく、そうした想定をする私たち行為者の観念が分かるということである。
なお、この『優越』には、他人より劣っていると思われることの拒否、そうした劣等的被支配からの自由を含む。このことが行為に占める度合いは、個人のいわゆる「超自我」的賞賛の取り込み度を反映する。
（注3）　親（など）に教え込まれた道徳的内容をもって自己を律する個人内の「何か」を「超自我」と呼んでいるが、超自我と本当に呼ばれるべきなのは、教え込む親（など）の理念や道徳観念の転化物ではなく、「自我」と呼ばれている現実的な諸判断を通じて蓄積された、この経験獲得的な認知形式である。
超自我と呼ばれ、自己の欲求規制的役割を果たすとされている神経活動は、確かに結果としては規制的ではあるが、それをいうなら同様にすべての判断は結果として規制的である。「超自我」がとりわけ規制的と呼ばれるのは、フロイト以下のこの概念使用者の観念が、西欧の特殊歴史的家族内暴力を反映しているに過ぎない。
（注4）　賞賛や優越は、趣味上の賞賛的文化もあり得はするが、社会的には、権力、生理性をめぐる諸要素があってはじめて普遍化する。
たとえば「大貧民」ゲームのマイスターは、ある時点では賞賛の対象となるが、その賞賛は人々の生活上は普遍化しない。問題となる賞賛は、内面化された賞賛か、制度的に発現される賞賛である。同様に「大貧民」のマイスターはそれが話題になっている数分間は、優越的だが、これも日常的に普遍化しない。行為理論上のキータームとしての「優越」は、社会的には権力階梯上の優越を指す。

（注5）　賞賛のレベルについて。現実の行為に当たっては、行為者は、3つのレベルの「賞賛」を考慮している、と考えたほうが、初めの理解がしやすいかもしれない。すなわち、「賞賛」は、個人的賞賛（内面化された賞賛）と対人的賞賛（次の瞬間に相手から受けることを期待しつつ、行為の社会的交換の中で次にする行為を考慮する際の賞賛）、さらに共同体的賞賛（次の瞬間に社会から受けることが期待される賞賛）、とに分かれる。
第1に、個人内の賞賛である。個人的賞賛は、その賞賛によって個人の行為の道筋が作られた。そして現在も作りつつある、過去の生きた賞賛である。

第2に、対人的賞賛は、主義主張や、身についたこだわりはひとまずおいて、目の前の人間とのやり取りの中で得ようとする賞賛である。

第3に、社会的賞賛は、個人の次の行為が社会の道筋に乗っているという認識から、行為のやり取りというよりも、社会を眼前において自らがする行為において、相互行為なしに新たに賞賛という報酬が得られるはずと認識し、期待される賞賛である。これは、その底で、その表明による優越的自由が隠されている。

事象の発生的にいってみれば、動物的自然における「対人的」賞賛に対し、記憶の中で行為を持続していくための個人的賞賛であり、また、対環境的な振る舞いとして、自己の自由を追求していく際の方便としての行為武器である共同体的賞賛、ということになる。

もっとも現実は、もう少し込み入っている。人間の行為は、将来イメージという観念作業を経由するからである。人は、自己が培った賞賛に合わせて、その行為を賞めてくれる具体的人間を選ぶことができるし、あるいは、自己の行為を賞めるはずの抽象的な人間の集合体を観念の中に育て上げることができる。本書で、こうした諸状態をまとめて「賞賛」の一語で呼ぶ所以である。

なお、この賞賛の3分類により共同幻想論を想起される方もおられるかもしれないが、まったく関係がない。関係がない理由までは不要と思うが、混乱の元なので、あえて注記しておく。

吉本隆明『共同幻想論』、河出書房新社、1968。
（注6）なお、「優越的自由」ないし「賞賛」という名辞は、さほど「本質的な」表現ではない。たとえば神経生理学上「賞賛されると刺激されて快感を感じさせる」という特別の神経組織があるわけではない。恐らく実態は、人間の進化上、将来的状況認知と生理的な快感的諸ホルモンの活性化とが入り混じり、成長期の人間が「教育」を受け入れやすいようにしているという事態である。これは本質的な表現はないが、表現上の経済性を重んじてこの事態をそう要約しておく。論述中にいちいち「将来的状況認知においてこのイメージが生ずることが云々」などという手間をかければ思考が進まないからである。
あるいは、どう呼んでもよければ「動因A」、「動因B」とか呼ぶほうが間違いはなかろうが、私はそこまで臆病ではない。人の日常に寄与する概念は、正確さよりも頭脳への定着の容易さが必要である。

あるいは、これら2種の分類についてそれぞれさらにいくつかの細分を設けることができるかもしれない。それはできうることだろうしそれが適当な場合もあると思うが、とりあえず本論では、その立場は以下の行論にいくつかの細分目を増すにすぎないと考える。

これら「賞賛」と「優越」という二つの概念は、それぞれ経験が教える行為の動因なのだが、そう分ける根拠は、2通りにある。

たとえば哺乳類は、成人になるために年長者の行為を受容し、年長者とこの同一性を確保することに自分の喜びを感ずる。このとき、それまでの自分（と同様の他者）をバカにするという観念は働くだろう。

同様に群れ生活動物は、群れの中で、ボスに服従し、そして自分がボスになれば他の者に服従を要求する。これが優越の生理性だ。ここではそれ以下の子分をバカにするという意識も発生するだろうが、一方、群れの大将への外見的には服従が生むように見える賞賛も結果するだろう。これらが優越の持つ賞賛との近似性であり、しかし分けて判断される因果関連である。

ただ、このように賞賛と優越の2通りがあって、それらが人間の観念ないし脳神経組織の中で最後まで別個に分かれているものなのかどうかまでは、多少なりとも疑わしいところがある。今現在の大脳生理学では分かっていないが、やはり賞賛と優越とは、遺伝的な差異の表現方法の違い、という問題ではないかという想定はされる。

なおさらに注記しておけば、賞賛も優越も人間行為の「原則」なのであって、原理ではない。すなわち、人間が陥るすべての状況において妥当するわけではない。

あまり想像もしたくはないが、思考実験として人間乳児Aが孤独のまま機械による給餌システムと清掃システム下で生きていくとしよう。彼Aはその孤独状態のまま12歳を迎えた。この場合においても、彼Aには賞賛や優越が存在するか、といえば、それは疑問である。

しかし逆に言えば、この事実は、そうした状況に陥る人間の極少さを示すものである。社会科学の立言は、パズル組立てや製図作業ではない。社会科学の立言は、その例外の行為が全体社会的意味を持たない限りにおいて存在しうるのであり、かつまた、存在すべきである。

3 行為の生理的基礎

これらの行為にかかわる形式的認識は、人間が行為する際に受動的に神経活動を行うときの諸側面である。「次の瞬間」にする行為の前提は、あと2通り、つまり「以前の時間」と「それを受け止めている私自身」である。「以前の時間」とは、「今」を含み、「状況」のことである。これは本書では略し、後者について述べる。

つまりそれは、人間の自発的事情、身体的な諸要請（欲求）と、身体性に裏付けられた行為の自由である。人間は、生物学的個体として自己の生存を自分で確保していかなければならない（注）。この根拠については、生物学的知識の手を借りなければならない。といってもそうおおげさなものではない。

人間の行為選択の基盤は、なによりもまず、生理的な身体の維持である。個人の意識上に昇る昇らないにかかわらず、まず生理的神経情報が身体の維持をめぐって常に機能しつづけている。具体的な行為選択においても、まずこの点が考慮される。人は何よりもまず生きていかなければならない。そのためにどうするかが人の基礎的な選択であり、これが確保されて初めて、その他のよしなしごとが悩みとなる。

もちろん、一時的、瞬間的な状況においては、「命よりも大切なものへの選択」は起こりうるが、明日も生きる予定の中にあっては、まず生きるためにどうするかが、何よりも問題なのである。

（注）　私たちには「欲望」概念を採用する理由はない。人間行為の動因について個人のあれこれという欲望とい

う形で無規定的な理屈づけをすれば、過去近代経済学にあった「効用学派」と同様に、人は行為とその規定性についてそれ以上に進んで考えることができなくなる。他人の行為はおろか自分の行為についてさえ、自分が何をしようとしても「それはオレの欲望だ」以上の認知を得ることもできない。そこからは何の関係的把握もなされ得ず、自己が社会の中に位置している関係的視野が正しく把握されることはない。

初学者への老婆心だが、私たちは決して「種々の欲望」なり「増大する欲望」なりの用語を使用する発想を持ってはならない。

4　行為の日常

人は、右記の原理原則をやみくもの順番に行為するわけではない。

人は、常にある状況下において、行為の原理の下に、行為の原則にしたがって次の行為を行うが、その際には、まずは生理性の原則を行うことで自らの生存を確保し、次の段階で、自らの永続的な生存選択を行う。すなわち、人は状況の中で自分の生理性が確保された時点で、まず生体的に一段落する。いわば人は「ほっとする」。

しかし次の瞬間、ないし次の1週間後、いずれにせよ生理性の安定をみた段階で、次に迎えるべき試練を考慮する中で、新たに、選択が迫られる。その根拠は、常に道が一つではない、と心の中で言いつづける大脳のあり方である。ではあるが、その行為の根拠を脅かされない限り、人は新たな選択肢に直面する必要はない。

今ここで述べたのは、人生の中での行為における非選択的な時間の長さの問題である。すなわち、人間は、行動を「半ば反射的に」「黙々と」こなすことができるし、実際そのように行為している時間的経過が長い、という事実である。

サラリーマンは、食うために嫌でも通勤電車に乗るが、そしてそれは生理性の原則に規定されてはいるが、３６５日、「食うために」電車に乗るわけではない。それが合理的と認識された過去の認識の中で、いわば認識を省略し効率的にした中で、「とりあえず通勤電車に乗る」。そこではできれば他人に押しつぶされないのがよく、できれば押しつぶされない一角に身を寄せることができれば、人は「行為論的に」満足する。こうした自己の意図の貫徹の満足の継続により、人は日常の「ストレスを感じない」人生を行為している。もちろんもみくちゃにされ、ストレスだらけで出勤するのも人生である。

ポイントは、それが生理性の判断の下で行われた選択のなかで、人間個人は、行為論的には単に、行為の成就に組み込まれるべき人生を過ごしている、ということである。

なお、さらに重要ではあるがとりあえず仮設的な前提は、賞賛と優越（的自由）の優位性である。生物に本来的であろう行為原則、「好悪の原則」は、哺乳類以降の分化的進化を遂げた生物が生きていくためには、不十分である。哺乳類生物は、将来の適切な行動の選択のため、好悪反応を抑えるホルモン分泌過程を持っていると考えるべきである。特に生理科学的に特化して発表されたことのないテーマであろうからこれ以上は言及しないが、私たちの基礎理論は、この点を含みに持っている。

さらに言えば、本項に記載した行為の順位づけが、「上部構造」の劣位を規定する。一種当たり前の事情ではある。問題は、本書がトータルとして論理的整合性が取れているかどうか、にかかわる。本文中、必要最低限の例解をおいているので、その例解が現実に妥当し、全体の論理的整合性が取れていれば、全体が現実に妥当する、と考えるのが至当であろう。もっとも、これは筆者の願望であるので、結局のところは読者諸賢の追加的御検討によるのも当然である。

（補註1）ここで、行為の原理・原則の分類方法への注釈について追記しておく。これらは実用性に最重点がおかれた理論整理である。とくに若い読者は実用的な整理には、論理的な見地から疑問を覚えられることだろう。実際、著者としても若い方には実用本位の作業は勧めない。若いということは、自在に概念を組み立てられるところにその本領があるから。それは実用的ではないが、自分の頭の訓練になる。その頭の訓練が若いときには大事だと思う。若い読者には、その延長で、自身の枠組みの構築に至ることを期待した。

（補註2）行為に使われる事実認知の意義として、「認識体系」と呼ぶべきものについて記し、理解の一助としておく。

行為に使われる事実認知の一群は、将来選択の認識体系である。これは体系をなしている。体系とは、個人の認知への構えの中に参照枠組みがあることを指す。参照枠組みとはただの静態的把握術語ではあるが。この基準を述べる。

もちろん「準拠枠」なる概念は、人間の志向について節約的に述べただけの用語で、それ以上の積極的意義を持つわけではない（もともとのシェリフの「準拠枠」のほうが、「理論的」ではある）。筆者が述べるのはそうではなく、それ以前の行為の選択的「思考」方法のことである。

人間は、自己の身体的状況の運きと衝動の動因に対し、状況を認識しつつ次の行為に移る。この場合、すでに既知として行為の成功を経験している場合は、「思考」を介さずに動くことが出来る。朝、いつもの寝室で起き上がったり、トイレのドアを開けたり、歯を磨こうと歯ブラシを手に取る行為である。

他方、朝寝床で身を起こしたとき部屋の様子が新規である状況を発見すると、人はそこで思考する。「ここはどこだ？　起き上がっていいものだろうか？」というものである。筆者が述べるのは、こうした思考と行動の関連である。

すでに理論の当初より行為決定の要素について筆者は定式化しているが、その方法については明らかにしていない。とりあえず社会にではなく個人に属する努力事項だからである。ただそうはいっても個人の事実認識の特質を明らかにするためには、もう少し立ち入って叙述する必要があるのである。

まず状況の認識について、人は過去の記憶の中から現況にフィットし、次の行動を決定しうる経路を探す。これがない場合、次には試行錯誤が始まる。試行錯誤は過去の認知との緊急のやり取りであり、これが間に合わないとされる場合は、そのときの脳内の（無意識の）発火状態に応じ、行為が決定される。

第2に《将来感覚の認知の原理》すなわち、その行為を現実にしたときの自分を感覚してから行為する件。これも過去の自己の身体反応等にかかわる事実認知である。

第3に《確認の原理》本件は確認であり、過去の事実認知とはかかわりない。瞬間の差はあるが、常に過去の事実認知に繰り入れられる手前の認知である。

ついで「行為の原則」である。

第1に《論理性の原則》これも過去の事実認知とのやり取りである。

第2に《好悪の原則》これは自己の生理性に基づきはするが、多少の過去の経験による偏差が入るだろう。

第3に《経験の将来感覚の原則》そのままの事情であり、過去の経験上の快感の保持様態である。

第4に《優越的自由の原則》これは何を持って優越と見るか、という問題であり、
第5に《賞賛（―規制）の原則》賞賛を誰がしうるかと言う問題である。

そしてこれらの原理と原則が、まず、生理的条件の維持に使われる。

というわけであるが、このように、自己の行為の選択に使用されるものは、過去の経験により頭脳と神経組織にセットされた過去の認知情報なのである。

なお、人間行為者が過去に規定されるのは他に規定性がないのであるから当然だが、いちおう心理学プロパーの見解も載せておく。シェリフ他は、その著で、態度や刺激への判断は個人がそれまでに形成してきた関係尺度や類似する諸刺激との過去の出会いで形成した関係尺度に基づいてなされる、と述べている。
M．シェリフ・C．ホブランド『社会的判断の法則』柿崎祐一他訳、ミネルヴァ書房、1977。

5　行為に付随する概念の昇格的設定

前著『歴史としての支配』では、諸々の事情により省略した2、3の概念規定について、やはりあったほうが分かりやすいという反省の下に、左記に加えておく。

（1）身体の内発性

社会はもちろん個人の相互行為の過程および結果であるが、その基礎は、人間の内発的事情、つま

り身体的な内発性とこれに裏付けられた内発的自由である。たとえば個人が「腹がへったなあ」と感じ、「ではどうにかして食べ物を手に入れよう」、として（他人を含む）諸環境に《自分の思うがままに》働きかける事情である。これは行為の本源であり当たり前のことではあるが、その当たり前さを確認すべきである。

（2）行為共同性

権力階梯が上から下までスムーズに流れない場合、個人の認知においては社会は一体のものとは見なされない。権力階梯の分断的状態は、その分断されたブロックに応じて《行為共同性》を生む。行為共同性とは、自分の行為の将来が、一人の他の行為者という、問題となっている他者の行為の将来を含んでいるかどうかの認識を指す。つまり、自分はその者と同じ環境要因の下にあるかどうか、ということである。人は、同じく規制される要因がある場合において初めて、他の者と同一の運命にある（注1）。

仮に自分と他者とが同様に死ぬような位置であれば、行為の身体的な原理において、行為体系は同様に存在する。一方、自分は無事安全で他者である奴隷は殺される運命にある間は、自分と奴隷の間では行為体系は全く別個である。奴隷がいくら死のうが自分に関係があるはずもない。もっとも自分が主人であれば、死んだ人数分だけまた幾らか払って奴隷を購入しなければならないが。それは行為体系が同じであることではない。あるいは、主人は奴隷に賞められるために努力はしないだろう。行為の賞賛—規制の原理の下において、上層階級は、仲間、あるいは最上層階級のお賞めに預かるために行為する。

つまり、本来人間の共同体（性）の範囲とは、生産関係によって身体的生存の認知に裏付けられた、人間の賞賛＝規制の範囲である。この行為の持続的な規制が社会構造を大きく特徴づける。

人が同様の地域範囲に住んでいても規制されない場合、あるいは同じように権力階梯から外れていても規制されない場合（賞賛―規制の関係に入らない場合）は、同一の行為共同性を構成しない。たとえば同じ村内にある庵に隠居している僧侶くずれが、在京の親戚からの仕送りで生活している場合、彼はその村落の一員ではない。もっとも、村が被災し、寄合い決定で「お前も働け」という労働提供勧告を受ける等の規制を受ければ、その時点で、同じ共同性へ入る契機にはなり得るが（注2）。

もちろん同じ社会内での2種の社会層において、それぞれの共同性が、それぞれの社会層から見合ったときに、同じ意味を持つわけではないことは生ずる。とくに下層の社会層が上位層と同じ社会の一員だと思っている場合に、上位層が彼らに冷たく蔑視の目を向けるという事態は、ごく一般に世界で見られる。

行為者はそれぞれの行為体系に沿って行為を行う。他の行為体系にいる者は、それぞれにとって環境因子に過ぎない。支配者にとって、被支配者は生活物資の供給源に過ぎないが、被支配者にとっての支配者は、暴力行使に出る彼らの手先以外なら、被支配者の行為論上の障害となるわけではない。環境因子として考慮すべき場合の支配者は、被支配者にとって、自由を邪魔する「敵」ではなく、他からの攻撃に際しての「楯」なり「武器」なりでさえあり得る。さらに、被支配者は、上層階級に賞められるために行為することとさえある。主人にいわせれば奴隷は人間ではないが、奴隷にいわせれば、主人も奴隷も《同じ人間》なのである。どこかに上昇階梯を持っている階級社会においては、上昇階梯の下で上を見上げる者にとっては、こうした同一の行為共同性が存在する（注3）。

すなわち支配は、2つの点で人間行為を左右する。

すなわち、その第1は、誰もが分かりやすい直接の暴力において、生理的支配を確定すること。しかし第2は、この暴力の継続性において、人間が自己への支配から優越と賞賛を汲み取っていくことである。

ここにおいて、継続的支配は行為共同性を生む。

（注1）　従来の「共同性」という言葉について、一般に生活共同体での成員行動には、共同体に普遍的な規則性がある。すなわち、共同体の内部には、成員に共有された行為規範がある。たとえば、成員間での消費物の交換には、交換当事者は、その共同体内での生活的消費を円滑にする上でのルーチン化された以上の利益を得てはならない。しかし、「よそ者は」この規範を守らなくともよい。このように把握できる現実がある。
さてここで、社会学者等の第三者が見ているのは、その内部の行為の規則性である。人々はこれを持って「共同体には規範がある」と称する。しかし、本当はそうではない。本当、すなわち、行為者の行為の選択には、そうした「規範」があるわけではない。行為者は、ある行為をした後の自己の将来をイメージして行為に及ぶ。この将来が、他者にとっても同一である場合が存在する状態を行為共同性と呼ぶ、と定義している。

私たちが為すこの定義は、まず当初には、現象的な、第三者が見ただけの「規範」概念を使用してはならない、という選択である。そうではなく、行為者本来に立ち返って問題にしなければ、行為から離れてしまう、したがって解明すべき因果連関から離れてしまう、という要請に沿った選択である。
（注2）「共同体」は、従来、西欧＝日本の社会科学においては、人々がなんらか統一的な価値規範を持ついわば《仲間社会》といった社会について用いられてきた。いわゆる「人間味」のあるこの概念の魅力は、マルクス・エンゲルスでさえ彼らの理想の、権力「国家」死滅後の社会を意味するドイツ語として「ゲマインヴェーゼン」という「共同体」を意味する言葉を使うほどだった。だから日本の左翼知識人にとっても、「共同体」という語にはどこか守るべき何かを持つようなイメージがある（昨今は、左翼では協同社会＝アソシエーションばやりのようだが、これは流行り現象としてみれば要するに、共同体的ぬくもりを忘れ去った人々に残る仲間感覚が資本主義社会への執着と合致したものでしかない。響きのよい言葉も結構だが、将来的に望ましいはずの協同社会の実態をこの社会の現実の中でまず具体的にみて欲しいものである）。
しかし、有史以後の歴史的存在としての共同体は、実はなんら《一体の》社会ではない。それは、誰もが認めるように《階級社会》であり、かつそれゆえに、あまり認められていないが、論理上必ず《2種以上の共同体性》を一つの「共同体」の中に持っていたはずである。ある階級的共同体の上層階級は、決して最下層のものと同一の価値規範をもってはいない。奴隷・非人はたしかに同じ村にすんでいる者たちかもしれないが、一般状態においては決して「同じ都市の者」でも「同じ村人」でもなかった。もっとも、既に学史的に存在する「共同体」概念には、同じ価値規範、すなわち同じ賞賛―規制の原理の観念が必ず含まれているわけではない。以下では、地理的・歴史的な実体としてではなく行為論的な意味での共同体成員が抱く意識を、《行為共同性》と呼んでいく。
（注3） このように行為共同性は認知問題である。行為共同性における「同じ将来」は、個別状況を認知によっ

て共同化する。

就職先を取りあわざるを得ない学生AとBとでは、第三者にとっては同じ将来が待っているのだが、当事者の両者の未来は相反している。しかし、この相反の状況は、両者がその他の点で同一の将来を持っているかどうかということにかかっている。大学同窓同期のAとBであれば、この利害は単なる利害であり、その将来は同様の中での分かれ道にすぎない。両者の日々の環境認識が、この境遇を確認し続けるのである。

さらに、労働者AとBは、第三者を媒介として知らされた環境設定において、同じ将来を持つことを承認しうるであろう。行為は環境の中に存する。運動はこの環境設定を受け持つ。

6　概念の便宜的な昇格的設定

さらに本書においては次の一連の概念も定式化しておく。

理論から一歩現実に踏み出した社会科学者は、常に記録と記録の間を、自分の人生だけが培った「常識」で埋めてゆく。したがって決して科学とはなりえない。それが人間の科学であるなら、その間は、常識ではなく、行為の定式で埋めなければならない。大脳生理学、脳神経科学の未発達な段階ではあくまで仮設に過ぎないが、しかし、それを仮設として明確に提示しておくことが必要なのである。

と、割り切ったとき、通歴史的な概念は、行為の原理に必然的に付随するものとして、先に定義しておくことで次の社会事象の説明の労力を省くこともできよう。本書においては、「制度」の概念である。これは、本来詳細に解明すべきテーマであるが、本書に限ってはこれを主題として取り扱う文脈がないので、仮設扱いで、あくまで今回だけ特別に先に述べておく。

（1）制度

「制度」は、行為者にとって固定されるべき、外界認知の範疇により行為者の観念に存在する。

人は、先達の肉体権力的知識付与を受けて、世界に行為規制のあることを知り、そして実際に自分の行為でそれを権力的に確認されてしまう。「お前はいやでも小学校に行かなければならない」と親に殴られる。実際、行ってみるとすべての子どもたちがそうして登校している。行かないと教師が親に告げ、親でさえペコペコ謝っている。これが「制度」である。個人行為者が行為の前段階で思考すべき、他の人間の対応が確定していると認知される行為の枠組みである。

さらに人は、この持続性をイデオロギーである「理屈」によって、他の事象と組み合わせた位置づけを受ける。「理屈」は、行為のための将来イメージを伴って概念として個人の頭脳に収納される。たとえば「議会とは、多数の人間の意志を総括するものである」。であれば、行為者は議会が凍結されれば、別にまた作るしかないと、概念を共有する他の行為者とともに考える。そして実際、前述の理屈が社会の事実によって否定されない限り、別に作る。

（2）制度の否定

制度の否定は以下である。

すなわち、人は、社会の事実の認知によって、外界を把握する。たとえば、ある集団的外界の意思決定が議会ではなく、酒場の寄り合い会議で行われたとき、彼の「議会」認識は揺らぐ。「意思決定は多数決ではあるが酒場の集まりでもできる」。

ついで、その酒場の集まりが「ソビエト」と呼ばれ、「権力をソビエトへ」と理屈がつけられたとき、彼にとって「議会」と「ソビエト」は機能認知的に同等となる。この社会への事実認知の追加と理屈のセットを運動（社会運動）と呼ぶ。

制度は客観的ではあるが、システムそれ自体ではない。それは行為に基づく関係であり、行為の変更で揺らぎ変更される。制度が法律によって権力化されている場合は、この法は変更される。この点で、個々人の主意的行為によっては変更されないシステムとしての生産関係とは異なる（注）。

（注）この異なる点を見ずに、制度＝関係＝システムと等号でつないでしまっては、行為者の主体性が消えてしまう。そのような個人は、制度の中の「役割」を果たすしかない。そうした捉え方の例は、たとえば、岩佐茂『人間の生と唯物史観』、青木書店、１９８８。制度は関係ではあるが、「関係」概念には、その定義により、あるいはその使用場所により、いくつもの性格の違いが存在するのである。拙著『行為の集成』35ページ以下参照。

（3）感情

これは「感情」という概念が行為の理論の中でどういう意味を持つか、という補足的な追加の項目である。

個人としてのある行為主体は、他と共有されない固有の事実認知の総体を持つ、そしてその固有の事実認知の総体に基づく行為が重要な行為要因となる瞬間がある。

個人の持つ事実認知概念とは、いわば、外界の要素とそれらの連関の認知という事実以外に、それを使用する個人の内容性をその概念そのものの神経組織の内に、括弧書きで、秘めているのである。これをあえて括弧から出せば、生理性や賞賛・優越を行為者が「考慮する」素材たる事実認知に対して、さらにそれに加えて、事実認知の記憶に（ことあるごとに）裏付けられ、一時的ではなくなった「感情」の存在が露わになる。

社会現象としては、この事情が他の人間集合への統合的「対峙」において、統合された感情（憎しみ親しみ）として現実化する一瞬がある、ということである。

言葉にすれば、「農奴たちは地主に憎悪を抱き、農奴解放後も富農への強烈な反感を内に秘めていた。これにより貧農の反乱が起きたのだ」みたいなことである。

事実認知概念とはいわば、使用する個人の内容性を内に秘めているのである。これをあえて括弧から出せば、生理性や賞賛・優越を「考慮する」素材たる事実認知に対して、人間集合への統合的「対峙」、統合された感情（憎しみ親しみ）、事実認知の記憶に裏付けられ、一時的ではなくなった「感情」、といった用語が与えられ、用語の使用が認めうる。もっともこれは個人内部の事情であり、歴史的ストーリーの説明に使うのはやむをえないが、社会の因果連関の法則に使うべきではなく、また使う必要もない。

行為の理論とは、以上述べてきたたったこれだけの要素が、複雑であるかのごとき社会システムを、社会過程を、社会構造を、形作ってくことを明らかにするものであり、それにより、誰でもが変形使用できる社会理論が持つ応用的実用性を示すものである。

なお、言い訳ではあるが、本稿の主題は人間の観念過程であり、その道筋においては社会学的諸要素を現実的に規定していくことはできない。富士山の美しさは地政学的には説かれ得ないが、富士山をめぐる人間社会に影響する諸概念は、地政学的に説かれなければならない。社会学的に現実の中での諸概念を検討したい方々においては、拙著『行為の集成』を参照いただきたい。

第1章　下位体系内行為と上位体系の変更

第1節 「解放」とは何か

本論は、具体的人間を対象に、その解放への行為を探るものである。
では、解放とは何か。
解放とは当該人間に係る行為の拘束、行為の抑圧からの自由である。

1 解放行為の対象

具体的行為者の解放の対象は、現象的には、法等に明文化されているいないにかかわらず、「制度」である。「制度」は、行為者にとって自己の行為論的原理・原則から、環境として固定されるべきと認められた外界認知の範疇により、行為者の観念に存在する。個人行為者が行為の前段階で思考すべき、他の人間の対応が確定していると認知される行為の枠組みである。つまり具体的人間にとっては、彼の環境への事実認知である（注）。

「制度」の特徴は、これを支える権力、これに背けば行為者に対し行使される権力にある。ここで権力のない制度概念も社会学の一部潮流において主張される。規範概念に支えられた制度である。だが、そもそも制度と規範は別のものであり、歴史的に設定された制度を使って、下位の権力者たちが自分の好きなように行為規準を修正したものが規範である。それは確かに制度直下の規範と区別はつかないが、しかし、これを変えようとする主体的な意図の下で、この特殊な性格があらわになる。制度から離れた規範、直接支える権力のない規範は、関係行為者によって変更できるからである。
（注）拙著『「上部構造」の社会学』序論。

2　疎外からの解放

本論は、この制度を変更しようとする行為者が持つべき将来イメージの個人内での彷彿の機構と、その社会における確保の方法、およびその実現の過程を述べている。

しかし、支配社会内人間にとって、そうした「自己の現在の行為の位置を前提とした」諸過程でとどまっていてはならない。自分にとってならないという意味である。

支配社会において人間は疎外されている。愚かな疎外否定論者が自己のことを顧みないのと同じだけ、先進国人民にそれをわかる契機はないが。そもそも疎外とは、その認識感性の喪失をも指すわけである。疎外とは第1に、自己の将来イメージの獲得の不能を指す。しかしついで第2に、その前提の、将来イメージの作成の根拠の束縛をも指すのである（注）。我々がそこにとどまっていては前進できない所以である。ここからも解放されなければならない。
（注）ここで、筆者は初期マルクス論者がなす観念論議への非難に性急なあまり、過去この点を軽視していたことをお詫びしよう。

個人である行為者は、意志的に自己の将来を設定するときに、類的本能であろうがなかろうが、特定の自己の行為論的原則に則って、行為の将来を定める。ここで、たとえば資本家的社会位置を占めている行為者Aは、資本家的将来を選択するしかないのであるが、しかし、その資本家的将来は、その実現の可否にかかわらず、資本家Aを疎外下においやるのである。当たり前でどうでもいいことなのだが、しかし、具体的人間に行為の価値の逃避はそれ自体では存在しないのだからしょうがない。ここであらためて述べなければならない。すなわち、自己のそれまでの賞賛と優越、言い換えれば自己の価値観とたがうことを行為せざるを得ない、このことが筆者が言わなかった疎外である。

これは現状で将来を不承不承に設定する、という意味ではない。仮に現在の位置において了解して設定し、その過程でその将来に喜びを感じたとしても、彼の本来の誇りから疎外されていれば、それは彼の全体的生において「疎外」だ、ということなのである。

第2節　下位体系が焦点となる理由

理論的把握の上では、上位体系に必須の下部ユニットが下位体系である。このため具体的下位構成員によるその変更は、上位体系により許されていない。他方、上位体系は現実に変更される。この現実の変更を行うものは、下位体系内の具体的人間である。つまり、許されていなくとも現実にはその働きこそが原動力であるこの現実を、理論的把握は見据えていなければならない。

1　システムの範囲

自然の中に「システム」というものが存在しているわけではないのは、定義通りである。では全体システムとは何か。それはその理論によって包括しうる最大限大きな社会関係が存する範囲である。その根拠は定義通り、構成員の行為を「外から」制約するかのごとき、生理的条件である。多くの場合は1国家が全体システムの焦点となる。その理由は、そのそれぞれの理論の性格に基づく（注）。

下位体系とは、その内実は、その全体システムより小である生理的条件が自立する範囲である。武力的権力を持ち、あるいはその他の生理性制約手段をもって、その構成員の行為を制約する範囲である。たとえば生産共同体は、消費物資の全体的獲得のために、その構成員の肉体的権力をもって、構成員の行動を制約する。

集団ないし集合体なるものは、行為主体にとっては実は存在しない。あるかの如く教え込まれているに過ぎない。しかし、ではその行為主体の観念を取り上げられるかと言えば、それぞれの行為主体の違う観念を科学として分析することなどできない。

具体的な行為主体に焦点を当てる方法によって社会科学が行えることは、個人にとっての外界の濃淡のある性格を、彼らにとっての状況としての社会の特性を、明らかにすることだけである。つまり、抽象的論理、「規定性」を軸に、その規定性に個人の行動を結びつけるのである。探究の焦点は個人であるが、その個人は具体的に生きている個人ではないのである。あくまで行為者として一般化しうる、しかし、行為個人である。

これを言い換えれば、個人に存するものは、他人に教えられた集合的仕組みではない。その仕組みの中に自分が入り込んだときの、他者の対応なのである。彼らにどうやって対応したらよいか、そのときの自分の行動と、他者の反応は何か、この不確かな観念的応答が、具体的個人の次の焦点なのである。

しかして、これからの論議は抽象的にならざるを得ない。といってそんな話ばかりでは理解の範囲を超えるので、中に例示として、具体的環境を叙述に取り入れる、ということになる。

それでは、日常生活的言辞における社会上の「或る集合体」は行為主体にとって何と呼ばれるべきなのか。つまり、人に告げるときは、家族や会社というように、日常の用語を使わざるを得ないが、さて、自分で、あるいは他人と考えるときは、ということである。ここで社会学は法則科学であるから、理論発表に使われる貴重な文章スペースは、法則的規定性に則って使用せざるを得ない。かくて、抽象的規定とその活用である。

（注） もちろん、国家は厳密には下位体系である。どんな政権担当者も、国家を取り囲む環境の中での善後策に日々頭を悩ませていることだろう。現行の権力者はすべて資本主義的生産様式の中で、世界各国、その他との調整に身をやつしている。
しかし、抽象議論の中では、読者のイメージの展開中に具体性が必要であり、本論では国家を上位体系として扱う。

ちなみに、いまだ国家と成っていない国家、あるいは備えた条件は地域的な小「国家」であるにもかかわらず、統一した大国家の宣言が行われている国家内の下位体系は、事情が異なる。当該地域における生理的条件の個別性が、下位体系の権力に対し、構成員には致命的な影響を及ぼす。この場合、具体的人間の視角では一般的定式は困難である。

2　下部ユニットに生ずる障害

人は、下位体系の中にあって、当該権力状況が強いる「規則」「慣習」を前提として、その中でよりよく生きられる道を模索しつつ生活を続ける。このとき将来に予定されていない労働力の支出の環境的要請、例えば、自然的条件の悪化、生産の無政府性、権力者の思い付き、については、従来設定されていた当該行為者の操作は不可能となる。ここに何らかの労働関係の修正が必要となる。近隣への要請、親族等への要請、権力者への要請等である。これらの差配への協力志向が、当該体系を研究する研究者の、社会的意義としてとらえられる。その限りで研究者の協力結果は、当該行為者の行為志向と同じく、現状維持的である。

3　下位体系と上位体系の歴史

歴史を上れば、そもそもの下位体系の存在形態は、単身ないし男女ペアの集団であるが、これが下位体系である理由は、彼らが生まれた集団ないし単身女性の存在に規定性を持つ。この彼らの規定性は今となっては不明である上位体系から回路される。

しかし、この過程はいかにも衒学的であり、現状の我々には意味はない。意味のある規定から言えば、下位体系である生産共同体が行為者の上位体系であるところからであろう。

ついで、この生産共同体から征服的行為により、さらに上位体系が成立する。

この上位体系の変遷のなかで、ついで、生産共同体から派生的分化形態である企業共同性が生まれる。

派生という意味は、生産共同体は人間に必須であるが、いわゆる第2次・第3次産業企業はなくてもよいからである。なくてもよいものがなぜあるか。それは生理的身体維持の快楽の追求にあり、そこにしかない。

もちろん上位体系には、いわば直接に、行為者へ届く回路がある。国家による金銭援助が典型である。しかしこうした回路の主体は、また、下位体系の一とすべきである。そうでないと上位体系の「システム」力が無視されるからである。


さて、下位体系である。

下位体系とは上位と同一の規定性を含んでいるから下位なのであって、それ以外ではない。ただし一方、その規定性から語っていくわけにはいかない。

下位体系は、人々へ伝達するために、体系内当事者が手に取っている集合性を題材にしていかなければ理解できないし、何よりも、操作できないからである。

何を言っているかと言えば、相手は抽象的構築物ではなく、家族、会社、運動組織、といった「具体」物だ、ということであり、操作は、自分の目の前で動いている「具体」物の部分部分の局面について、行為主体として働きかけることとなるのである。

4　上位体系と下位体系

上位体系は、「下位体系の構成素」にとっては、ただ、別の指令者が存在する、ということだけの意味であり、この指令者には服従しないと、（自分を含めた）下位体系全部が壊される、という認識があるだけである。

下位体系間の境界が流動的である或る社会体系では、そこでの登場人物の行為は、本人を含めて誰によっても決まらない。静的な理屈の上ではそこの関係内にある登場人物の特性に沿って決まるはずであるが、現実はそうではない。そこでの登場人物外の要因によって決定される。

たとえば、登場人物男が日中暮らしてきた工場での諸関係から生ずる規定性に立ち向かったホルモン状況。同様に、登場人物女が日中暮らしてきた家庭の諸関係から生ずる規定性に立ち向かったホルモン状況。更に、帰ってきた登場人物男に対応せねばならない規定状況。

つまり、下位と呼ばれてしまう社会体系においては、下位の間に流動性があれば、その住人のパーソナリティによって物事が決するのである。そこでは過度の権力は行使し得ない。なぜなら、行使しようというなら、対手は、サヨナラすればいいからである。そこでは普通の人間が人間同士のやり取りの中で、物事を決定する。

ここで、対手を逃さない規定因が、中間体系たる、一般に、生産共同体である。

職場体系、地域体系、家族体系は、それぞれ、日常のものとして設定し、または設定された、集合性である。それゆえ、そこに権力の水路を見るのはたやすい。

しかし、世の中はそれでは終わらない。下位体系の構成員は、自己の操作しうる権力を自己の意志の下に使用する。たとえていえば、権力は上から水を流すのであるが、他方、構成員はそのたまった水を、主体的に、自らの水路に流し込もうとするのである。

この結果、第n次の権力の保持者が自己の体系として体系を縦に区切り、その下位性ゆえに行為共同性がn次の次元でくくられるはずである。それのみであればn次の下位体系となるのであるが、もちろんそうではない。

このn次元を横に区切るものが固有の権力の源泉の独自性である。この時点でそここの権力は生理的な世界を握っており、それがために構成員への権力は独自の様相を呈するのである。もちろんそれゆえの「体系」である。


ところで、ここで、現実はそれぞれの下位体系はそれぞれの必要に応じた組織あるいは集団を指すのであるが、同じ組織だからといって、その現実の構成員への権力が同じであるわけではない。村なら村長と非人級の人間、企業なら社長とヒラ、小学校なら教師と児童。それぞれの階梯的な権力において、いずれもが権力の多少という違いを持つ。

にもかかわらず、それらは同様にシステムを、それゆえ行為共同性を、形成するのである。

当然なのだが、今はシステムの性格を問題にしているのである。

上位権力によって抑制されるから、そこに下位システムが存在するのではなく、権力が貫いているから上下であり、そこに特有の行為共同性を生じるから体系なのである。

なお、生産共同体以外の権力が、自己の生産共同体への指令を含まない世界にあり、かつ当該構成員がその生産共同体から逃れて生活する手段のない場合は、その生産共同体が全体社会である。

第３節　現実の下位体系

解放に係る「下位体系」概念とは、言うまでもなく、権力の行使にあたる下位体系である。権力を行使しない行為体系も論理上はあるが、歴史的な下位体系とは、権力を諸行為者に伝達するシステムとしての集合性である。

これは原理であるからここからすべての環境的集合性は説明されるだろうし、それは決して困難ではない。とはいえ理解のためには、この過程的な歴史的諸形態への注釈は付け加えておくべきことであろう。

それでは、その構成員に対して抑圧を発現させる具体的な集合体あるいは集合性カテゴリーはどういうものか。

1　村落

もちろんすべての諸概念は歴史的である。

「生産共同体」という行為者にとっての拘束カテゴリーは、以下の本書の叙述でも自立的に展開されるが、現代の農村は、必ずしも「生産共同体的」ではない。資本主義の進展によりその拘束性が薄まったからである。もちろん農村は消えてはいない。人間は口から栄養を取らなければならない。この条件に合った地域とそこに住み、口からの消費物資を十全に生産する人々の集合性は消えるはずもない。

しかし、その特異的影響力はほとんど消えた。現代の農村の影響力は農業ではなく、生産「共同体」という側面である。政策科学たる社会学にとって、その存在意義の生命線は、住民にとっての特異的影響であり、これが消えれば「取り上げる価値のない」何ものかに貶められるのである。

過去の地主と小作との対立は、地主が小作の生産手段を所有することにより、小作の行動を支配していることによる。網元と網子の関係しかり。

共同体がその成員を拘束するのは、共同体の統一的な労働力なしには、自己の生産が遂行されないことにより、総体としての共同体成員の支配に屈せざるを得ないところによる。すべて歴史の進んだ時点での行為者の規定性は、支配なのである。

この件について、「半封建的土地所有」なり「半農奴制的零細農耕」なりと「半」をつける用語もあるが、これは学術用語ではない。およそ学術用語に「半」などをつければ、そのカテゴリーが持つ規定性は、それが以前に持った論理とともに一切消える。

「半」何々と名付けたくなる事象は、ある規定性が歴史的過渡期にあるときの、その社会の制度についての文化的表現に過ぎないのである。資本主義社会への過渡期的支配状況、文学的修辞がしたければ、その意味で「半封建的下位支配体制の経過状況」なのである。

2　都市

「都市」なるカテゴリーもあることになっている。


社会学上、その分化した先の領域は下位体系であるかのように受け取られる。しかしその特異的本質とは「農村からの解放」という意味しかない。

都市などという人間社会はない（注１）。にもかかわらず、歴史的に「都市」が幻想のように存在する。それは農村に嫌気がさした人間の「自由」の宝庫だからである。「この宝箱は一体どうやってできているのか？」　実は社会から生産共同性を抜いただけなのだが、憧れというものは恐ろしいものである。

近代の「都市」とは、資本主義化の進展により生産共同体を出た人々が、その職業上の理由から集合的に住み、その集合性が要求する消費物資の集合とによりさらに集積を続けた過程であり結果である。しかして、その本質はその構成員が持つ契機にあるのではなく、集合性の凝集と消費物資の集積と交通の集積である（注2）。

今何を述べたかというと、決して都市はその構成員がつくり出す行為システムではない、ということである。もちろんそれは全体社会の一部分ではあるが、それは自立した社会システムではないのである。普通名詞としての社会は、その構成員の行為への規定性を持たなければ、システムとは呼び得ない。人が集まること自体が行為の規定性になるためには、感染性病原体に日々脅かされて、それへの対応で何らかの規制がなされている場合に、その規制範囲を呼ぶほどのことしかない。

都市は、行政学的意味を除けば、そこで人の集積があり、そこで人が労働しているから、種々の問題が生じていく、その文字通りのフィールドにすぎない。そのフィールドを社会学の名を持って囲い込むことには別に反対もしないが（注3）。

（注1）　この社会の部分である「都市」の一般論については、過去、安田三郎が「村落社会よりも高い密度をもって、多数の人口が永住してつくり出している社会」として基礎理論化している。都市について社会学プロパーとして述べられるのはそこまでだ、ということであろう。
安田三郎、前掲書。

こうした一般論では、現象しか扱えないのは自明だが、全体社会の部分であれば、それでいいともいえる。そもそも同じ名前がついているからといって、それらを同列に論ずることには何の意義もない。ただの混乱の元である。もちろん、同一の言語文化圏では、日常の経緯で同じ語を用いなければならないこともあろうし、学術用語がそれを避けることはできないが、それは必要悪に過ぎない。

用語の流用は、流用前の当該用語が指した事象の説明の絶対化を生む。さらにその説明が因果連関を含んでいれば、事態は最悪である。２つの歴史時点での２つの同じ用語がついた事象があれば、誤った因果連関がその間を亡霊のように行き来する。これを研究者が避けようとするならば、いかに精緻に見えようとも、本質的にそれぞれに固有の現象の列挙とならざるを得ない。これはすでに理論ではない。

ウェーバーのように時代を離れた時代を無視して類型化することは、亡霊のような「都市」なるものの神格化に等しい。こんなのがあった、あんなのもあった論に何の意義もない。いや、その類型を基準にいえることがあり、と考えること自体、誤りである。類型化ではなくその歴史的時点での存在の仕方として、歴史固有的に扱わなければ、論者のいいように「まとめられて」しまうだけであり、しかもその結果は「古今の該博な知識を動員した理論」とされてしまう。とんでもない詐術である。

（注２）　さて、現実には、例えば日本において、過去の地域支配制度が残存する。生活者の関心は自己の行為の将来にあるのであり、これに関与しない支配制度は、関心の範囲外である。しかして、地主の末裔とそれに実生活で絡み合う地域雇用主等の政治「権力」は残存する。といっても、規定上、彼らが何をするわけでもできるわけでもないが、当時の地方支配の行方を「決定」することができる。
旧来の支配階級とその転化階層の地方政治におけるカッコつき支配的役割については、データが古いがたとえば左記参照。カッコつきとは、政治決定プロセスに影響力を持とうとそれが支配の方向を決めるわけではない、という意味である。

古城利明『地方政治の社会学』東京大学出版会、１９７７、第4章第2節。

ただし、当該書の全体的枠組みは首肯できない。
（注3）農村社会学は生産共同体論に過ぎないが、都市社会学は、安田が言うように、空間と人間の関係学ではある。確かに支配権力は都市を貫徹してはいるが、それは普遍的に人間の居住空間を通して人間を規定するものであり、地域ではなく、支配に属する規定事項である。地域の様態が変わっても権力構造を作る規定性が変わるわけではない。
そういうものとして「地域」ファクターを「上位」体系論で扱うこともできよう。

さらに、ここではそれ独自の生理的要因が希薄なことを受けて、理想主義的議論もしうる、一種の未来学でもある。本件の基礎的発想が左記にある。といってもその発想がそれ以後発展したかどうかは管見の及ぶところではない。

藤竹暁「都市空間とコミュニケーション」『社会学講座5』所収、東京大学出版会、1973。

3　家族

本来、どんな社会構成体であれ、その本質は人間行為の必然性である。現状「家族」と現象するものは、人間行為の消費物資の摂取可能形態への加工と、赤子の安定的授乳を確保する行為の制度的保障形態に過ぎない。この保障形態をめぐって、その時の歴史的事情が現象を形作る。

この歴史的過程はいくらでも叙述できようが、自然的過程を除いた人工的過程として、支配者である収奪勢力は、新しい土地において社会構成員を基準に収奪組織を配分する。ここで構成員は一人では自己の生活上の必要作業ができない。ここにイエが成立し保持される。他方、新しい土地の被収奪者も彼らの「家族的構成」を基準に単位とされ収奪される、ここに収奪・被収奪の便宜から代表者が発生し、「家長」となる。


では「家長」がこだわるイエの伝統性とは何か。

上位体系のさらに下位体系の、それぞれの権力維持のイデオロギーである。

もちろん伝統はトータルであり、どれを取り上げ、どう組み立てるかは、その時点での必要の度合いで決まる。家長が組み立てるのであるから、結論は当初から決まっている。家長権力保全のイデオロギーである。「伝統的権威」も「伝統的秩序」も関係はない。　権力者が自己及び上層の権力の下に取り上げるから「権威」なのであり「秩序」なのである。


ここで「家族」の特徴としては、歴史上は、生産共同体内の家族、あるいは家計は、生産共同体とは別個の行動制約基盤を持つ点にある。ここに、資本主義経済においても崩れにくい内部権力機構があるのである。

生産共同体には、構成員の消費物資政策に基づく権力以外に、その他の武力的脅威を持つことがある、というより、あるのが支配社会の常である。

同様に、家計においても、そこで構成員を制約しようとする努力の存在は、容易に、その内部に権力行使者を生むであろう。生産共同体内の家計での権力行使者は、「家長」というように生産共同体の性格等に大きく規定される場合もあるが、「平たい」家計の場合にも、「親」等の権力者を持ち、あるいは親の中でも男親が権力をふるう可能性を高く持つ。それは生活の経緯の中で持つ強さである。

現在の資本主義国家の家計においては、生産共同体の歴史と、これを引き継いだ男性の就労原則と、同じく生産共同体の性格を引き継いだ、家事労働の非貨幣的無権利が、男の肉体的優位とともに、２つの規定性となっている、といっておかなくてはならない。


生産共同体内においては、家事労働は、「家長の非生産的労働と同様」、タダである。

ここで資本主義経済において、原則、男子労働力が引き抜かれるわけで、商品労働としてはこの就労労働の身に賃金が支払われる。

ところで、商品経済においてはこの賃金こそが消費物資の購買力をもつのであり、仮に社会が公平を望むのであれば、男子労働力が世話を受けている家事労働力に男子賃金から貨幣供給がなされなければならない。この供給はもちろん賃金ではなく、さらにまた「妻」が受け取るべきなのでもなく、家事労働力に支払われるべきものなのである。

さて、ではこの家事労働への貨幣供給を保証するものは何か。

これは人間一般から生産方法を奪った支配権力である。実際に保証するかどうかは別として。

もちろん本来は、社会は人間一般に生産方法を返還しなければならない。返還終了後の家事労働者は、貨幣供給が行われなければこれを放棄するであろう。お互い様である。それが人間間の共生というものである。

この歴史的に生産共同体から離れた姿としては、近代資本主義社会に典型的に表れている。それは現象的には行為者個々の常態化した行為様式であり、その内実は、親等への対応行為が持つ賞賛と優越の確保であり（いざこざの回避といっても同じことである）、ある場合には、家族関係を脱することへの生理的不安である。簡単に言えば、関係者について頭に来たら、すべてをちゃらにしてどこかへいってしまう、というわけである。

4　産業組織

さて近代資本主義に特徴的な下位体系といえば産業組織であるが、これはわざわざ詳述する必要もない。個人行為者の拘束された自由を、「自発性」という自由で飾れる素晴らしい産物であるといえよう。たとえば、企業の権力は、「利潤の追求」に制限されている。それは支配者消費物の生産の翻訳語である。しかし、資本家も労働者も、あたかもその行為の遂行が自分の自由を保障するかのごとき幻想にひたれるわけである。人は誰もが金が手に入れば支配者ではなく「自分の」消費物が手に入ると思い込んでいるのであるが、もちろんそうは問屋が卸さないのは、世間の破産劇の通りである。そんなことよりも具体的人間におけるポイントは、組織である。産業組織の人的組織としての側面である。

構成員を除いた組織の性質は、行政権力であれば法がその構成を決める。諸企業間権力であればその企業の取り扱い物品の依存性によって、依存のない順位で営利的に決まる。

それらは別にシステムではない。ただの順位であり、その内実は排出される果実が決めるだけである。これも下位体系を構成しない。

組織内の構成についてはその組織内部で完結するシステムである。それも下位体系を構成しない。なお、対抗権力組織についても、本書では下位体系に含めない。もちろんそれを含めてシステムを展開するのも可能であるが、上位体系とは別個のものとして扱ったほうが、議論に紛れがないためである。

支配権力は、その成立時点で社会に、生産共同体権力外の権力を生む。権力には、それ以外の権力を生む創成性がある。これを人間的に言えば「権力に直面した人間は、これに対抗する手段、あるいはこれに則る手段を講じ、ここに他者と語らった肉体的権力結合を生じさせる」。

ここで、権力に直面しない一般の行為者は、権力を構成しない。権力の構成には他者の結合が必要なのであり、他者の結合には、その結合によって生ずる不利益を上回る利益が必要だからである。

いずれの現実的時点でも。対抗権力の発生には体系を要さず、一瞬で成立する（注）。

（注）システム論上は、支配権力は一つなのである。与党と野党がいる？　それらは二つでセットの支配権力である。どちらが欠けても支配は成り立たないのである。仮に支配権力が変更されるとすれば、支配権力はその内部で変更されるだけである。
同様に、システム論上は、対抗権力は一つである。当時の「国民」的構成の大衆的肉体力である。

とはいえ、具体的人間の世界では、支配権力なるものはそもそも見えない人間さえいる。このため本書ではすべてシステム論上の議論を下敷きにして「支配権力」なる語を使う。

一方、「対抗権力」は比較的認知しやすい。庶民にとって「支配権力」がわからなくとも「権力」は自明であり、そのため庶民には、この自明の「権力」に立ち向かう力が対抗権力だ、と了解されるであろう。本書ではその理解で充分である。

5　「語られた」社会

もう一つ、「社会なるもの」がある。社会学が提出した「社会像」である。「システム論上の規定は別として、現実世界の規定は、コミュニケーション上での像イメージの浸透により、「社会」という言葉の「言語上の意味化」を生む。

ここでいわれる社会はいわゆる市民社会であるが、そういう外観はとらない。イデオロギーにそんな思想的外観は必要ではない。言語が生む、世界で人間に必要なことは、それによって生ずる賞賛と優越である。

河村望が言うように維新期にあっては「社会とは自律的な全体としてではなく、人々の日常生活における共同性、近隣的な生活秩序を表すものとして理解されていた」(注)。

これに対して、近隣の共同体的人間関係ではなく、「それらを消し去った社会」として、すなわち、自らの力でどうにでも動かしていける、そしていくべきである人間関係として、人民の主体性下におかれたものが、社会学が中心として語った「社会」なのである。

もちろん資本主義化が進めばそうした一体としての社会の主張というイデオロギーは意味を失うの

であって、そうなれば社会学の説く「社会」は分化した「社会」となるわけである。戦後以降の社会学論議を見れば如実である。

（注）河村望『日本社会学史研究（上）』人間の科学社、1973、36ページ。さらにたとえば河村が挙げる、有賀喜左衛門における「社会形態学」である。河村前掲書199ページによる指摘。有賀喜左衛門『日本家族制度と小作制度』255～256ページ。

6　階級・階層「システム」について

階級なり階層を下位体系とみる論がありうるが、本論の扱いは具体社会であるので、これは範囲外である。

階級とは抽象的な規定性であって、いわば、潜在力なのである。拙著、とりわけ『資本主義と支配システム』を参照されたい。

第４節　下位体系の独自的規定性

体系の独自性とは、独自的な権力の保有ということである。下位体系が独自に権力を持つということの事実が、しばしば、上位体系が持っている権力と、具体的人間の観念の中で混交し、各人の視角の立場で、上位体系の規定性を、あるいは下位体系の規定性を、各人に見えなくさせる。

１　下位体系の権力

支配システムにとって、下位体系の役割は、
第１に、自己のための消費物資の回収
第２に、自己のための消費物資の確保・保全
第３に、反乱分子の抑圧
である。
要するに、行為の中の生理的条件の確保と武力の行使、このための存在である。
これだけ確保するために、下位体系は、支配権力を代理で行使する。これが行使しかねる場合は、本体の支配武力の出番である。

これは文字通りの「役割」であり、機能というようなものではない。その代わり、下位体系が何をしようと、上記に抵触しない限り、それはそれで構わない。構う理由がないのである。この基本的規定性により、下位体系の責任者は、被支配者に同情することも同調することも可能である。「世の中は話し合いだ」。

では心ならずも下位となった下位の権力ユニット内ではどうか。

下位内では下位をユニットたらしめている事情に応じて、独自の権力的規定性がある。かのユニットの範囲内で得られる権力による賞賛と優越を獲得しつつ、ユニットはユニットの利益を確保する。


ところで、今「役割」といったが、この「役割」は権力が配分した「役割」であって、行為主体の行為の役割となるものではない。理論の中に、行為主体をおくのはよいが、その行為主体が「自己の役割」なるものを認識してしまった瞬間、その理論は終わりなのである。そんな人間は「組織内役割の遂行のため」に「組織内思考」をする瞬間しか現実存在はしないからである。そんな人間の部分を切り取って構成した「理論」に主体性など残るはずがない。役割理論が家族社会学で一世を風靡したのは、米でも日でも、家族内規範は、まさに権力から押し付けられた「役割」だった、ということである（注）。

といって、権力指示が受容されるには、まさに「お互い様」の関係が必要である。つまり、「結局、その時点の状況では、それが都合がいい」のである。

もちろん、最下層に都合の良いことはない。言い換えれば、権力階層自体が、この原則の下に構成されるのである。したがって、順送りで到達した最下層は、「今日生きているだけまし。明日は分からないが」というわけである。

或る時代の或る人間において、彼の生産行動に他者の助けが必要であれば、それが行為の必須事項である。その他者が「家族」なのは自然の成り行きであり、それが「自分の」家族であるのは相互関係である。

（注）役割理論に関しては、佐藤勉「役割理論」『基礎社会学第Ⅱ巻』所収、東洋経済新報社、１９８１。
そもそも支配にとって、役割とは、武力なしに監視するだけで、その労働力を支配者の生理性に集約できる、そんな体制の構成を指す。「職分」である。

４千数百年前のメソポタミア初期王朝時代の文書には、神殿の行政官、行政「課長」、大臣、法の執行者呪術師等に当たるものが読み取れるもようである。また、王には政商が専属していたとのことである。

一般化すれば、消費物資の取得を自分に代わって行う者、武力権力を自分に代わって守る者、イデオロギー障壁を自分に代わって築く者、が存在するわけである。

小林登志子『文明の誕生』、中央公論新社、２０１５。

これはその「支配者」の支配範囲によって異なるもので、実際、国家支配者にとって、人民の家族の中での権力構成など、なんら興味の及ぶものではない。

もちろん他方、ある歴史的社会的条件の下で下位体系を支配しようとする家長にとっては、その家族内での「役割」こそが決定的に重要になるのは当然至極である。

2　下位体系が執行する権力

下位体系は、もちろん、上位体系に集約される権力の下位部分を受け持ち、その権力に係る賞賛と優越とを引き継ぐが、権力を引き継ぐということは、その代表者に権力の行使が許される、ということである。

ここで、権力は、本来的に自由である。にもかかわらず、その上位部分に関しては、資本主義においては、この消費物資生産機構を守らなければならないという制約条件が課される。にもかかわらず不思議なことに、下位の分割権力者においては、彼の直属の案件、例えば人事案件、に関しては、分割権力者の自由を貫徹することに制約がないのである。この非近代的ともいえる非民主的な下位体系においては、そこでの権力者が、彼の下位の行為者の役割を決定する。その決定に異を唱える者に対しては、その下位体系内での価値を称揚することでこれを乗り越えようとする。営利企業であれば「誰が貢献したかもわからない」業績、大学であれば、自分の枠組みを使用している弟子の論文の、それぞれ称揚である。

権力の社会への意味現象は、その権力「者」によって決する。分割権力者も権力者なのであり、彼はそのトータルなシステム上での位置により、その独自性を主張しうる。と同時に、そのただの配下性をも決めることになる。

3　下位体系での賞賛と優越の伝播

ある下位体系において自己の行為論的自由、とりわけ賞賛と優越のありかを見た行為者は、別の下位体系でのその欠如を批判する。それが生理的条件からの乖離を反映すれば、一連の行為者群として大きな批判勢力となる。この場合における全体的権力配置が未来を規定する。都会の自由は、共同体に養われていない行為者を介して、生産共同体に自由を及ぼす。

4　下位体系の権力による賞賛と優越の生産

ある下位体系内行為者にとって、その生産共同体における賞賛と優越とは、その共同体の武力を意味する。それは生活上の理由で、生産共同性を守る行為に対する賞賛と優越であり、当然に生理的条件がかかっているので、そのまま行為者の人生に直結する。これに違おうとする者には、究極的には死が訪れる。言い換えれば、共同体の武力とは、賞賛と優越という形態をとる。そもそもこれが本来の社会的武力である。

5　生産共同体からの生理性の離脱

自己の生理性が生産共同体を離れても、人間の面接的交渉が存在する限り、そこでの賞賛と優越から離れることはできない。この持続的な行為制約が、当該行為者の自由をその後も左右する。

ここで、道徳の根拠を述べよう。

道徳の内容は、当該社会の要請であるが、行為論上、道徳の受容は個人に属する。当初は武力によろうとも、この内面化は、次の行為に時々の個人内の判断を要するからである。つまり、それが「たかだかの内面化」というものなのである。内面化は別に大げさな強迫観念の存在を意味しない。そうでなければ世の中に刑務所はいらない。つまりそれは、肉体への武力行使によって惹起された身体的忌避の感覚と、賞賛と優越により導入された、行為の形骸化しうる事実認知である。将来の事実認知中、行為結果に不都合が見られなければ、それは常に変更しうる。田舎道の赤信号は、１００回も通れば交通道徳から消える。

他方、幼児の前の赤信号停止は、それを自己の賞賛と優越に使用する場合は、いつまでも生きる、というよりも、新たに自己の内部で「新道徳」化される。人生において、自己の賞賛と優越の評価のすべてをそこから供給される、といってもいい生産共同体構成員にとって、生産共同体の明白な「しきたり」ないし「道徳」は、自己の満足の源泉として、刃向かうのは決して自己の得にはならない。

6　下位体系の人間関係の事実認知

さてこうして、人間は自己が認識して自己のものとした支配の様式をもって、年代的に、あるいは距離的に、あるいは小世界の中を、動く。言い換えれば、個人は自分がそうされた上下関係の様式を正しいものとして、成長した後に出会う種々の支配関係の中で、人々に対してこれを適用し、再生産する。

支配の人間関係は多くの場合、支配者がイニシヤチブをとれる上、多くの支配者が同様の支配様式を持っていれば、これは綿々と伝えられる。曰く「同族団」であり、曰く「半封建的」支配関係である。この人間関係が、それが支配の関係である限りにおいて、下位体系の一をなす。

ただし、人間関係は支配そのものではない、人間関係からはその表皮を容易にはがすことができる。当たり前である。世代が違う人間が入ってくれば支配の人間的様式は変わるのである。

ところでここで、人間「関係」なる手あかのついた日常用語について、理論上の規定をしておかなければ論理が続かなくなる。

「関係」とは、それをめぐる複数の人間がそれぞれの行為上で齟齬がなく行為しうる、その限りで共通の事実認知の内容である。それは各人の行為において、日々、常に上書き更新されるものである。もちろんその上書き的行為を嚮導するものは、行為にかかる規定性である。

日常は別途過ぎて行く。この日常こそが、「下位体系が教え込む事実認知」なのである。

権力も生理性も、この下位体系を通じて、行為の結果として、事実認知となるのである。生理性だから経済要因で決まるのではない。経済機関である企業なり労働組合なり、その他の社会機関を通じて、その生理性の実効的真実が、事実認知されるのである。

第5節　上位体系から下位体系への規定性

こうして、下位からの上位の変更契機はあり得ない。下位に属する行為者一般は、上位体系を変更するためには別の水路を通らざるを得ない。

1　権力の水路

不可視のシステム的権力は、武力ではない。つまり、授かった権力を下位の他者にぶつけて機能する、というようなものではない。そもそもが見えないものを相手にしているのだからそんな過程が生ずるはずもない。もちろん人間は、自分の利害に沿った行動をすることこそ、上位権力の媒介行為であり、あるいは被抑圧者に分かりやすく言えば、それこそが権力行使なのである。

2　上位体系から下位体系内行為者へ

上位体系から下位体系内行為者への規定性が下位体系内行為者が被る問題の契機となる。それは以下である。

第1に、生産力の増大の要請。各下位体系へ影響する全体社会の要請は、生産力の増大として下位目標化し、当該構成員を規制する。しかし、この規制は行為者にとっては自己の、限定的ではあれ、自由の増大となる方向で行為に取り入れられる。

第2に、下位システムの崩壊。生産力の増大要請は、それまでの下位体系の構成を少しずつ崩し続け、別種の体系に移行させる。この壊変は当該構成員のそれまでの体系行為以外の行動によって現実化する。

ある部分的崩壊は、それへの締め付けにより、さらに自由な人間の感情により、崩壊を進めていく。そこにはすでに、システム構成員にとっての選択肢が生じているからである。いまさら不自由な将来を求めるのは義理しかないが、その義理を、権力管理者自身が否定するわけである。

第3に、特定の賞賛と優越の要請。生産力の増大は、当然に、賞賛と優越を刺激し、この「増大」に恩恵を受けない人々にも賞賛と優越を与える一方、この賞賛と優越を盾に取る論理には、これに反論することができない。

これが下位体系に生ずる現象である。

これらの諸点は、研究者の志向で、その他いくつもの現実的に可視的な諸問題が明らかにされうるだろうが、その一般化は筆者には期待されていないであろう。筆者に期待されているのは、現実の問題を人間の自由の方向にもってゆく、その解明図式と認識しているので、この視角の下でそのように取り扱う。

3　外体系の水路

上位体系の権力は、下位体系に、多く、媒介的に入る。もちろん直接的に支配者を通じて武力行使をする場合もあるが、それは目に見える分、日常的システムとしては効率的ではない。

（1）下位体系における権力者の賞賛と優越の淵源

例解をしよう。

まず一般論として、第1には、権力が、構成員の賞賛と優越を通じて入る。「男は家族を養い、女は家を守る」。主要な権力者は男であり、一般化された権力者の日常は賞賛と優越の対象である。

同様に、賃労働体系にあっても、第1には、権力が、構成員の賞賛と優越を通じて入る。賃労働体系においては、既に組織構成上権力で一貫されている。しかしてその構成も次位的権力者の恣意である。しかしてその構成者がしゃべり、さらにこれに同調する機会の多さは、極言すれば、権力者の意向そのままとなる。かくて「男社員は経営を継ぎ家族を養い、女社員はこれを助ける」。

ついで第2に、下位体系の生産関係、とりわけ疎外的な生産関係に伴う権力が、構成員の生理的条件を通じて入る。「男をクビにすると影響が大きいから女を先にクビにする」。同様に生産共同体にあっては、「イエ」から外れては生きていけない。資本主義体系にあっては「夫が扶養してくれないと生活できない」。

（2）外部権力の残滓

こうしたシンプルな条件のほかに、被抑圧者の条件がある。被抑圧者の倫理体系内の、外部権力の残滓が影響を及ぼす。「妻は家事をする」。

被抑圧者の行為体系に係る、外部権力の残滓も同様である。「母は子どもの弁当を作る」。

同様に、資本主義システムにあっては被抑圧者の条件として、被抑圧者の倫理体系内の、外部権力の残滓が存する。「男と張り合わないといけないから、生理日でも働くぞ」。

同じく被抑圧者の行為体系へ係る、外部権力の残滓である。「あの男の子可愛いからお茶くんでやろう」「どうせ出世できないから、楽しく遊んじゃお」。

これらは残滓であるから、次なる賞賛と優越の出現により、消滅しうる事象である。

（3）役割配分構造

権力が必要とする下位の権力組織には、権力は、上位権力の役割配分構造、すなわち「身分」により、下位の体系への意味付与を行う。これにより、権力行使力が配分され、同様に賞賛と優越が、配分される。ここで、下位の生産組織で必要があれば、「身分」は、下位体系の権力の下で制度化しうる。支配階級として男の「上位身分」が必要であれば、男の地位は支配権力によって守られる。男の生産体系上での「偏移的身分」が都合がよければ、生産組織は男に、「家計の本体」という地位を与える。

今の記述は一般論である。ついで読者諸氏は、女性が男性を排除して作った立法議会を、比較として思考実験せられたい。

4　コミュニケーション回路

さてもう一つ、人間のコミュニケーション回路は、行為者が生きるシステム範囲の拡大によって、彼らの事実認知の手段として増大される。

まず、権力の網の目の固定化のための過程として存在し続ける回路が存在する。すなわち、事実認知の放出過程としての「教壇」やマスコミであり、賞賛と優越の放出過程としての評論とマスメディアである。もちろん両回路とも歴史過程の中で権力自身に歯向かうこともある（注）。

（注）なお注記であるが、現行のコミュニケーション理論では、コミュニケーションという事象について現実の全体社会的な契機は扱われていないが、社会内のコミュニケーション事象は別に情報の伝達のために存在しているわけではない。社会内のそれは、ある者による他者の行為の変容への努力であり、情報はそのための手段である。それは、英語の意味の如何にかかわらず、情報の対手への伝達による対手の行動誘導と、情報の伝達による対手の感情反応の操作との2通りを含む。たとえば、個人の例ではSNSによる非難であり、組織の例では「マスメディア」による視聴者関心の操作である。
その焦点は、その行為の結果として生ずるはずの自己の環境の変容である。ネットのストレス解消者は、別に自己の伝達内容の移転を意図して悪口をいうわけではない。同様にメディア内容の制作者は視聴者Aにその番組の内容を伝達しなければならないと思ってはいない。行為とは常に自己の将来を見越した行為であ

るから、発話行為もそうなのである。

5　上位体系による下位体系の無視

もっとも生産関係が拡大すれば生産力がさらに増大する時代の場合は、支配者はその当時の下部の構成を無視する。
ア　共同体の頭上を通る国家権力
資本主義的産業発展を目指す支配権力は、消費物資の生産にいそしむ生産共同体体制の要求如何を通り越して、これを人為的に曲げる政策を打ち出す。
イ　商品経済下共同体
同じ商品経済下にある人間は、同じ行為への強制的規制を引き継ぐ。この事態は生産共同体構成員ではないが、いわば商品下共同体である。

語の歴史的変遷より社会変遷が先に過ぎてしまったので、変遷する間のない「共同体」の語がフィットはしないが、しかし、その強制性の半分は受け継ぐのである。

もちろん下部体系の無視は、下部の行為者の無視であり、これに対峙するのが、人間行為者の行為論的自由である。すなわち、身体的維持が確保されるか。社会の賞賛と優越と、自己が入手しうる賞賛と優越に矛盾はないか。自発性が確保されるか。

これらの点が、環境の権力の状態と対峙する。

第6節　下位体系から上位体系への規定性

1　諸下位体系の縦断

たとえば「社会の要請」と「学校での教育」を統合して語れるか？　語れない。といえば驚くであろうが、口先の評論以外では語れない。社会とは理論の結果であり、学校での教育は具体的人間の活動である。次元の違うものは一つになりはしない。ここでの次元とは何か。行為主体の存在次元である。

他方、社会学が科学である限り、現実を変えることができなければならない。社会が変わって、社会から媒介的教育要素に働きかけるのを待っているわけにはいかない。

もちろん全体社会理論では、「全体社会を変えればよい」といえば済むし、せいぜい「そのために女性も階級闘争に決起せよ」とか自分に都合のいいアジテーションを飛ばしておけば済む。他方、学校理論では、教師や親が気をつけて男女平等に反する教育やしつけを排除していかなければならない、ということになる。次元の違う主張は一緒になどなりはしない。それを統合する理論などはありはしない（注1）。

ではそれでも操作可能にするにはどうするか。そうした規定性を生きている人間たちとつなげる工程をプラスする。それが事実認知である。人の事実認知が各規定性につながり、その規定性が各体系に及ぼす事象を叙述することにより、人は各個人の具体的事実認知によって、具体的世界の将来を透視することができる。

要は登場人物を生かしたまま、ある時点ある時点の人物の認知とその変更を叙述し、その認知に及ぼす規定性と規定性の変更が認知を変えるさまをあらわにする。

こうして登場人物を見た理論認識主体は、その人物の動きを、今現在自分の問題となっている事象とその登場人物に当てはめることができる、というわけである（注２）。

これは学校に限らない、家族、企業、労働組合、その他の下位体系にも適用されるべき認識法なのである。

（注１）　実は世の中というものはシンプルなものなのである。そういくつもない規定性＝拘束性の下で、そう複雑とはいえない人間の頭が考えた結果なのである。
そのシンプルさを「概念」なり「ターム」なりと呼ばれる、実は「無責任な第三者の現象に対する一括伝達用の語」によって表現しようとするから、袋小路にはまるのである。

支配にかかわる現象であれば、その支配が現実に現象するときに取っている形態を見据え、この形態の要素を変えていく。これが具体的次元の社会科学であり、それが下位体系の縦断的側面の叙述なのである。

教科書にあるような、パーソナリティも、文化も、社会関係も、行為者の視座から見ればそんなものは「ない」のである。では何があるのか。行為者の意識であり、行為者の行為である。行為者の意識によることが多い行為を見て第三者が勝手にしゃべりまくっている概念がパーソナリティであり文化であり社会関係であり、等々。行為者にとっては社会には、自分の意識と自分の行為、そしてそれに対応する他者の行為だけが存する、あるいは自分の意識上で現実化せずに消えるのである。人が意識しなければならないことは、自己の「持続的な」将来を構成する、自己と他者の行為だけなのである。

本来行為主体にとっては社会関係などない。もちろん制度なるものもない。ないのにあるように見えるのは行為者の観念が作っている、からではない。行為者にとっては環境が、この場合他者が、力をもって存在しているのである。制度とは他者の肉体力、すなわち権力なのである。

したがって、行為主体には縦平面がクリアに「見える」。その限りでは、わざわざ理論家が教えることでもない。

ここで始元は行為主体一般ではない。被支配人間一般でもない。始元は、襲い掛かる権力に面前している行為主体である、被差別の人々であり、被疎外の一群の人々の中の任意の一人である。

（注2）　システム的叙述においては、登場するはずの諸人間が生きる相互行為とその社会過程を表す必要はない。行為者は各権力平面において左記の行為を行い、その段階に応じて、権力縦断面から権力各平面への浸食を行う。
解放の行為は、それ以前の行為者に対して以下のように扱われる。
ア）　何を言ってんだ（非現実性への非難）
イ）　それもそうだ（解放の方針の受容）
ついで、この受容に賞賛と優越が加わる。

ウ）　そうだそうだ（権力者からの支持）
ついでこの、支持的意見に実現可能性が加わると、同一の行為集団との相互行為が始まる。
エ）　おい、これは許せねえんじゃないか。そうだ、いっちょやってやるか
この段階において行為者は支配権力者の肉体力を超えられれば良い。

もっともこの過程はシステム的発言であって、現実の具体的行為者は隣にいる肉体権力者との闘争、あるいはその隣にいるという位置からの逃亡を経なければならない。

システム的発言においては、各肉体行為者の権力は、支配権力者の、たとえば法等による規制を受け、継続の人間の同意的協力を得ることができない。そのうちに個的肉体は社会の構成素ではなくなる。したがってその経過について述べる紙幅は不要なのである。

2　縦断平面

つまり、上位システム内の行為者に供給される、生理的条件、権力＝賞賛と優越、事実認知は、現実上、下位体系内の行為者を源泉として供給される。それをどう理論化するかは別として、現実はそうである。

他方、下位体系内の、それこそが現実の人間である行為者の環境の要素たる、生理的条件、権力＝賞賛と優越、事実認知は、もちろん、上位システム内の行為の諸要素として供給される。

この受け渡しを「叙述」するのが、縦平面の展開なのである。

つまり、仮に、社会vs教育（関係機構関係者）という関係と、教育（関係機構関係者）vs生徒という2通りの上下に並んだ平面が2セットあるとしたら、この3つの構成素を縦に縦断する一つの関係平面が必要だ、というわけである（注1）。

しかし、それもとりあえず都合のいい形式論議で、では、全体社会と教育と生徒を通して生きる人間がいるのかよ、ということになる。まあ教師と生徒は別の人間でもある。

というわけで、この関係平面は、抽象化した規定性に変換してからでないと作れない。

もちろん抽象的な論議はいくらでも可能だが、考えもなしの言葉の羅列はただの説明に過ぎない。「説明」では次の瞬間以降の「操作」などできはしない。

ではそれでも操作可能にするにはどうするか。そうした規定性を生きている人間たちとつなげる工程をプラスする。それが事実認知である。

人の事実認知が各規定性につながり、その規定性が各体系に及ぼす事象を叙述することにより、人は各個人の具体的事実認知によって、具体的世界の将来を透視することができる（注2）。

端的に言えば、ある要請は「社会の」それではなく、文科大臣Aという具体的人間の要請であり、その文科大臣Aへの規定性を見ることで文科大臣の意志の変更の方途の検討が始まる。もっともこの規定性が、単純な「利害」で収まらないところに、常識論の困難があるのだが。

要は登場人物を生かしたまま、ある時点ある時点の人物の認知とその変更を叙述し、その認知に及ぼす規定性と規定性の変更が認知を変えるさまをあらわにする。

こうして登場人物を見た理論認識主体は、その人物の動きを、今現在自分の問題となっている事象とその登場人物に当てはめることができる、というわけである。

これは学校に限らない、家族、企業、労働組合、その他の下位体系にも適用されるべき認識法なのである。

（注１）　縦平面として縦断する規定性とは何か。
それはもちろん筆者にとっては権力と消費力であり、これを行為共同性が彩るわけであるが、それは今回の私の焦点が社会内不平等からの解放にあるからであって、「規定性」はそれぞれの興味に従って変えることができる、というよりも変えざるを得ないものである。その研究者の焦点がどんなくだらないものと人に思われようと、それは、価値観というよりも、生き方の相違であって、他人にどうこう言われて考え込む筋合いのものではない。もちろん人間同士の世界であるから他人はどうこう言うべきであるが、それに対しては明るく自分の信条を答えればいいだけのものである。

たとえば焦点が宗教の普及への主体的行動の効率性であれば、想定期間は10年20年だろうから、それならわざわざ消費力から始めることはないだろう。権力とともに挙げるべきなのは、「役割化した制度」として、いったん組み込まれた社会関係を固定的に把握したほうがエネルギー節約的だろう。社会関係にはもちろんそれを規定する要素があるが、それはカッコに入れて近似的に語るほうが実用的である。変動する社会関係を叙述するのは、かなり面倒であるから。

ポイントは、行動の対象を全体社会ととらえると、自分の周囲の（下位の）社会との接続ができなくなることをどうにかする、ということである。

この場合、たとえ理論探求者が全体社会への宗教普及を意図している場合でも、周囲の社会への自分の行動が、そのまま全体社会のなかでの自分の行動となる次元＝平面を、理論のなかで作り出すことである。ただ、そんな平面は、「見つけ出して」それから理論を始めるものではない。たぶん多くの場合は、引き続く理論の展開の末に、それが終わると最終的に平面が生ずる、ということになるだろう。

そうした複数の焦点設定によって相違する方法も、初めの人こそ大変だろうが、何回かのちには解のある方程式として誰にでもすぐに共通に使えるようになるかと思っている。

（注2）　横断的平面と人間行為者の媒介は、事実認知である。ここで人間行為者の「事実認知」概念は、「事実情報」あるいは「事実知識」とは異なる。
行為者が「事実として認知する」とは行為者を取り巻く環境の現実の真実として認知する、ということである。すなわちその本体は言語情報でも文字情報でもなく、それらの情報の「行為者内でのセット」であり、端的に違いを述べれば、情報によって喚起された神経・ホルモン組織のセットのことである。

その元々となった「情報」や知識がどこからでてきたか、は、さしあたり問題ではない。どこから来た知識であろうと、それは無規定的な「ナマの」社会過程での相互作用によって自己のものとなるのでは「なく」、自己へ向かう可能性を持つ外部の権力と、自己の消費の都合と、によって再構成された神経・ホルモン組織のセットなのである。言葉は決してロゴスなどという聖書という紙に書いてあるものではないのである。自分にとって自己の将来を右に行くか左に行くか、自分の体に聞きながら、自己のものとするものなのである。そうして人間は生きてきて、かつ、生きているのである。

それはそれゆえ、言語情報と1対1対応をするものではなく、言葉を事実の形式に戻して、それから行為者の環境を考慮した行為の原理原則を通じて叙述されるものなのである。行為者の事実の形式に戻らない言語情報は、ただの飾りである。

つまり、行為者の発語一般を云々して社会科学が成り立つはずもない、といっているのである。

（1）権力的縦断平面

これは、権力は確かに階梯をもつものだけれど、しかし縦断法にとっては同一平面の闘争である。そこでは肉体的武力の戦いとなるわけである。これがシステムの権力的縦断平面のうち、肉体的要素連関である。

要素連関とは、お互いに関係している、のではなく、双方からの働きかけが双方について意味化する、というものである。

この権力平面の上には、肉体力の要素連関と正義認識の要素連関と権力的将来の知識の要素連関と感情の要素連関がある。

一番のポイントはこの縦断平面には「(政治）思想」はない、ということである。襲撃グループが何を思っていようと、ここでは関係がない。トランプ派だろうがアナキストグループだろうが、この時点では問題ではない。

ついで、ここは抽象次元であり、この一瞬には、時間もない。それゆえシステムもないのである（要素連関間には継起の順番はある。後に述べる）。

といって、縦断平面論の真骨頂はそこにあるのではなく、時間を無視し、システムを無視し、すべての社会構成員がこれに参加しうるところにあるのである。これは現実の説明ではなく、規定性の説明なのである。この場面から社会構成員を分化させるのは、行為共同性である。

システムと縦断平面との接続は表立っては行為共同性が行う（本質的には事実認知である）。行為共同性の規定性は階層的横断平面が行う（注）。

これら要素連関が固有に動くのは、その間に時間の差があるためである。もともと行為者という人間で区切った因子間には、当然にそれぞれの差異がある。肉体的権力は、その権力によって正義が変わる以前に、正義の刃によって葬られる。

すなわち、時間とはそもそも物質構成原子（量子）の動きの光速度という「遅さ」に由来するものだが、社会科学上の時間規定は、その構成素たる人間の行為対応構成の「遅さ」に由来する。

新しい肉体的権力は次第に正義を構成するが、それには以前の正義と激突をする。

新しい将来認知は正義とも肉体的権力とも抵触する。

そもそも感情は、こうした軋轢のさなかにある人間から、他の人間へ及ぼす影響で形成される。

（注）長い間世間にあり続け、今も潜在的にあり、若人の「理論家」がそれに手に染まらずにはおれない「対権力闘争論」では、ゲバルトすれば勝利するとか、思想的勝利が大切とか、団結をすれば勝利するとか、子どもじみた言い分が説かれるわけであるが、そんなものは、このシステムにかかわらない範囲での権力的縦断平面の一部を拡大したものに過ぎないのである。そんな一部現象で言い争う「理論家」たちなるものは、幼稚としか言いようがない。

（2）賞賛と優越の平面

今述べている理論の前提は、個人の意思的な行為である。個人が意思的に何をすれば自由が解放へとつながるか、が、暗黙の、論の前提なのである。

つまりこの小項では、個人の行為が、その時の焦点を当てている人間たちの行為へどうつながるかが問題で、その問題の焦点を賞賛と優越に置いたらどうなるか、という平面のことである。

前小項の「権力の平面」にある要素連関は、肉体力の要素連関と正義認識の要素連関と権力的将来の知識の要素連関と感情の要素連関である。これはどうやって分かれているかというと、直接的な要素連関、社会に背景としていきわたっている要素連関、将来の期待としての要素連関、そして内面的な要素連関、というようになっていく。

言ってみれば、動こうとする行為者と、その背景と、行為後への予想、そして行為者の内面、というもの。

このレベルを賞賛と優越に与えると、次のようになる。本来賞賛と優越は権力を経過するが、目に見える、あるいは意思として現象する現実を例にしよう。

たとえば、ある福祉的なボランティアは、彼の属する団体のなかでその構成員の賞賛と優越を受けて具体的行為をする。もちろんその行為は、その時代のその社会のメディアで、望ましいともされている。

ついで、行為選択の段階で、特定の志向は自分の賞賛と優越につながるに違いない、と知識上思っている。

さらには、そもそも彼は幼少のみぎりから、そういう心性を持つように育てられてきた。

こんな例である。

というわけで、
第1に、権力平面と同様に、直接的に、対面的賞賛の要素連関。

第2に、社会にいきわたっている、賞賛と優越の要素連関。

第3に、将来期待として、賞賛と優越の獲得の知識の要素連関。

第4に、内面的に、超自我的賞賛の要素連関。

と、これが2番目の平面の例示である。

この賞賛と優越の平面は、権力の平面と交わる。

およそ人間の全体行為から無理やり引きはがした平面であるから、どこかで全体性への通路がなければいけない。この事情について「交わる」と表現するわけである。

（3）事実認知の平面

事実認知は述べているように、各々の縦断平面の要素になっている。

およそ人間の認知は弁証法的なものであり、分析したことはどこかで統一されなければならない。

しかし、そもそも「行為者による意思的行為」というかたちで把握するという無理をしている「全体認識」においては、おいそれと統合はできない。せっかく分けてわかりやすく観客に見せたものであるから。

その代わりに、個々別々の事象に応じて、「そこではこういう事実認知が優勢になるのだ」ということを明確にするために、事実認知を改めてそれそのものとして、取り上げる必要がある、というわけである。

ここで「事実認知」は、行為の原理のそれとは少しニュアンスが異なる。ここでのそれは行為者の内的過程である事実認知ではなく、外在的な情報の事実認知である。行為者に及ぼす現実は、正体である権力と賞賛と優越で把握されるべきだからである。

すなわち、人間及び生物たちは、その本性として、自分が経験した情報を外在的事実として取り入れる。が、人間に限っては、その他の「情報」も、あたかも外在的情報の外見をとるものとして、「同様」に見える仕方で行為に組み込むのである。

さて、この場合に踏み込めば、第1に、この情報は、しかし、彼本人にとって、それが捨て去られるのでなければ、その行為に重要な情報として組み込まれる。

第2に、組み込まれる場合には、ではその何が組み込まれるか、それは、本来的に身体的ホルモンを伴わない行為の動因である。伴わないといっても、それが行為に関係する場合は、何らかの点でかかわっているのであるが、それは「直接的」動因ではなく「介在的」動因だ、ということである。

それはもちろん、結局は生理性と賞賛と優越なのだが、その時点から先に行くためには、あと一歩、行為者に同調しなければならない。すなわち、これらの要素の「欠如」の穴埋めの方策、に使うため、ということである。

その情報によって、ある者は、自己の食べ物が別方法で得られるかもしれないことが知れる、が、もともと生理的方途に欠如がない場合は、これにわざわざ乗る必要はない。別の人生のため、別の交際開拓のためには非常なエネルギーが必要だからである。

同様に、賞賛と優越のための事実認知もこれに準じる。

ポイントは、それが外在的な事実情報であり、行為の介在的な動因にすぎないものだが、これを欠如しては人間は動けない、ということである。


要素連関を見よう。

第1に、直接的に、権力や賞賛についての事実の要素連関。

第2に、社会にいきわたっている、日常という事実の要素連関。

第3に、将来期待として、自分が獲得できそうな知識の要素連関。

第4に、内面的に、宗教ないし教義的イデオロギーの要素連関。


なお、こうした分類でセットが完成したようにも思われるかもしれないが、縦断平面とはそういう趣旨のものではない。

題目に「例示」とあるように、社会システムの把握とは異なり、人間の行為の捉え方は「社会学」者それぞれで自由である。

たとえば本セットにしてみれば、行為のセットには、「鏡影」ないし「反影」とでも呼ぶべき縦断平面がある。水面に映った景色のようなものである。

たとえば、男女差別反対の娘に対し、「世の中そういうもんじゃないよ、うちだってお父さんはああやって働いてくれるし、お母さんだってお前を育てて、そうやって家族はできてんだよ」と母親が言う幸せ家族の側面である。いわば秩序の縦平面である。

といっても、これは人間行為者の意思の平面ではない。しかして、私は扱わない。ただし、そういう行為過程が社会にあるというのも事実であり、これを分析したいと思う社会学者を引き留めるものでもない。

3　縦次元の違い

同じように縦の次元はいくつも存在する。人は各個ばらばらに存在し、その生理的諸状況に応じて、縦次元が作られるからである。そのうち社会状況上重要なものが、肉体権力の次元である。権力は確かに最重要な次元ではあるが、人間行為にとっては、同等に重要な次元が存在する。それが社会上の翻訳後は、肉体権力の次元、翻訳前では、憎悪の次元である。

憎悪を含め、感情の縦次元は、行為共同性に組み込まれたときに、その威力を発揮する。とりわけ感情の中でも「憎悪」項目は、その発生の契機の事情により、行為共同性に組み込まれやすいのである。

この事情の結果、行為共同性を基礎に社会を動かす場合には、この次元に抵触しないようにしなければならない。すなわち、そうした原則において、諸戦略を立てなければならないのである。これを無視した諸武力の結果は、現実そのままである。つまり、泥沼である。

もっとも同じ意味で、「敵」を取り入れる行為共同性の認識は、この憎悪を減少させる。

ある民族を敵とする現実の戦争の記憶は、その民族を取り入れる思考の仲介により、減少する。あるいは、ある思想勢力を敵とする行動の記憶も、同様である。

上記の例は、その「概念的存在」において、有効である。

逆に言えば、その現実存在として減少するわけではない。親の仇Aは、死んでも親の仇である。概念的存在とはそもそも現存在の写し絵であり、別の現存在が加入すれば、別の概念的存在の意味が生ずるのである。

4　時間軸

法則外的な法則として、時間の考慮が必須となることがある。

（1）時間と一般的立言

行動する人間に焦点を当てた法則定立には、時間が存在しない。時間を入れれば一般論にならず、法則的立言とはならないからである。

この事情について、生きている人間がいなければ時間を飛び越えることができるので、法則となるのである。つまりたとえば、窮乏化法則である。窮乏化法則を生きている人間にかかわると受け取るから、それが本当は時を超え海を越えた規定性であるにもかかわらず、「マルクスの予言は外れた」なる評価が生まれるわけである。

一方、人は時間のなかで生きている。この定立を自己のものとするためには、時間上の「意味」を把握せねばならない。それなしには絵にかいた餅がどれだけうまいか知りようもないのである。

さて、ではこの評価はシェーマ上、どこに位置するか。それは、いってみれば平面次元を貫通して立つ、太さを持った柱である。これの構成素は、個人にのみ属する「意味」である。個人のものであるため、これは「軸」というほど確固たるものではない。刻一刻と内容を変える噴水の水柱のようなものである。個人は自己の行為の結果を見て、あるいは自己の行為にかかわる環境要素の進展を見て、これを評価しつつ、次の行為へ入る。

行為共同性は、時間軸としては今（から見る将来）しか意味しない。「過去の行為共同性」とは、「懐かしい」という形容詞が付く一切である。つまりその同時的行為共同性を同じくする人々（仲間）がいた一切である。

次いで、生理性の過去の時間軸とは、すでに事実認知に組み込まれた経験値である。

逆に、生理性の今あるいは将来の時間軸とは、いつでもホルモン分泌なしに乗り越えられる、「観念」である。

（２）過去のシステムの諸要素

残滓とは、権力にも生産関係にも潰されない行動パターンのことである。

行動パターンはパターンであるから、これを変える必要がなければ変わらない。親から子へ引継ぎ、権力組織の長から手下へと引き継がれる。

そもそも残滓は個人の次の行動の基準である。ところで個人とは肉体力であり、それ自体権力である。彼の基準を変えるにはそれ以上の権力が必要なのである。

更に多くの場合、その基準は周囲の人間と共有されている。この場合はさらに強固である。彼らの曖昧な団結を上回る権力が必要なのである。

が、他方、基準は個人であるからその力ははなはだ心もとない。周囲の集合的権力、たとえば政党派の団体行動には、彼は彼の主張を主張として出すことを押さえる力がある場合がある。とりわけ当該テーマが、彼のあいまいな団結の組織に関わらない場合は、一層そうである。

もっともここで注意すべきは、残滓であるにもかかわらず、新規に生じた事項である。

変更期の新規事項は、言葉通り、古いパターンを持っていないので、その時点で新たに性格づけられる。どうやって？　古い意識に沿って。新しい意識などないのだから、それは論理的必然である。

さて、先ほど述べたように残滓は個人事項であるから、これを自己の新しい利害に沿って変更するのは、個人だけにとってはやぶさかではない。新しい生理的条件に沿わなければ容易に変更される。

もっとも変節漢のようで世間的に見栄えが悪いのを隠す必要はあるが。

第2章　下位体系内部での解放

第1節　システム上の権力と行為主体

とりあえずの解放、あるいは相対的権力を手に入れる道はどういう道か。

自由を相対的に増大させることが一種の解放だというならば、それにも理はある。しかし、序にて述べたように本書はその視座をとらない。それはわざわざ社会科学徒が確かめることもなく、日常で大会社でみかけることである。その答えが知りたければ諸先輩にたずねればよいし、それは容易で具体性に満ちた道である。

とはいえ、行為者の自由は大切であるから、まるで無視することもない。一応始める前に理論化の枠組み、そのための本論の読み取り方だけ記しておこう。

すなわち、相対的な自由の拡大の道、つまり権力を多く使える社会的位置への道は、支配権力を頂点とする階段化された道である。階段は時々の上位権力できており、これを昇るよすがが賞賛と優越である。

上位権力といってもこれはピラミッド化された権力を指すものではない。現在の地点からみた、現在を解放する権力のことであり、それが「実際の」権力とは限らない。要は、行為者がそう観念する権力状態である。

だがその前に、権力の構成について述べよう。

それは第1に、問題の設定は解決の設定と同義だ、という普遍的事実が一つ。ついで第2に、設定された筆者による解決が不十分だとしても、そもそもの前提から読者諸氏の独自な自由のための解決法が導出されるからである。

1　諸権力の源泉

まず本章の構成上の位置を述べよう。

具体的人間は、自己の解放のためにどういう努力をするだろうか。まず束縛の主体を攻撃する、というのが普通である。さて、その束縛の主体は「誰ら」であろうか。

68～69年における過激派の攻撃対象は「当局」であり、あるいは機動隊であり、そのときに自己の安寧な就職先を殺がれる学生にとっては過激派であり、つまり、そうした眼前の人々である。

さて、本当の解放のための闘争の「敵」は当局等であろうか？

もちろん、「今現実に闘わなければならないのは眼前の敵だ」という論旨はわかるが（現代の若い人々にはそれさえわからないであろうが）、だから、そうではなくてラジカルにはどうか、という話である。本来の敵は支配者であろう。にもかかわらず、闘いの対象は「眼前の敵」とならざるを得ない。この現実上のアポリアをまず論理上解消しなければならない。はっきりいってこの作業は筆者にとっても読者にとってもつまらない作業なのだが、本来の解放の道筋を述べるために避けては通れない論理過程なのである。

さて、上位システムに対して「下位」システムは、下位とはいえ、独自の権力体系も併せ持っている。この2重性、あるいは3重性もあろうが、これを整理しておかなければならない。

そこで出てくるはずの問題として、人は、全体社会の中での自己の位置が持つ矛盾に、「自己否定」という恐ろしい言葉を対置する。それは表面上の論理ではそうなのだが、それは本当に「正しい」のか。

事情は前記と同じである。本当の論理上の自己否定は「社会システム」に対置するものなのであり、それを下位システムに使用すれば悲劇しかない。「論理」の行く末は当然にも、生活上の自殺である。

下位体系は上位体系のものなのであり、構成員によるその性格の否定は構成員の資格の剝奪と同義である。人は下位構成員たる自己の否定と同時に、その生活根拠が否定される。口に出してみれば当然のようなこの事情は、しかし、幾千もの死と魂が現実化した歴史的現実なのだ。

よく闘った者たちが抜け殻のような生を送ることはやむを得ない。重なる時代を生きた我々は、それを知らない後の者が気づくまでに、その歴史を理論化しておかなければならない。

つまり出来上がった「体系」は個人に還元されれば、その出所を問わない、「権力」と変換される。もともとそれが認識枠組みだからである。したがって、上位から下位に権力は下る。同様にそれが認識枠組みだからである。

しかしもちろん、それは静的な認識であり、上位下位についても動的な変動はありうるし、これを現実の抽象としたければ、その仕組みがいる。

具体的人間にできることは、彼自身の構成員資格から自己を引きはがすことまでなのだ。人は下位体系と闘うのではなく、下位体系の攻撃から自己を守るまでが仕事なのだ。そこには物質的基礎はないが、人と人との交わりという賞賛と優越の基礎がある。それが武器なのである。

他方、人は上位体系とは闘うことができる。相手は機動隊ではない。支配者とその体制そのものなのである。具体的人間のレベルでは、支配者による共同体権力の簒奪。あるいはシステム論上は、共同体権力の包摂。権力構成上の下位の権力者たちが自由を上位に求めるためには、「惣」を超えた百姓一揆が必要なのである。


もちろん権力とは、「抵抗に逆らっても自己の意志を貫徹するおのおののチャンス」なるもの（注）では、ない。誰にとっても、そんな意味は現実には存在しない。関係の中の登場人物の２人について、そのやり取りを見ていたただの他人が、その状況を口にしてみただけのことである。そんな単純な規定が口に出せるというのも驚きだが、これにおそらく何百万の人間が同調するというのももっと驚きである。その現実の場面には、肉体力の強い者に対して歯向かおうかどうしようかと検討する個人と、自己の意志を表明して相手の出方をうかがう個人、あるいはその周囲のこもごもとした思いの諸個人が抱くそれぞれ違った意味しか存在しない。

問題は、その意味がどうやって具体的な社会関係に持ちだされるか、であり、それを「他者」たる観察者がどうやって把握するかである。

対面的な原始社会であればその「当事者」2人について「意志」を形式化することもできるかもしれないが、中世社会以降の権力とは、そんな個人の意志とは遠く離れたところにある。

上位体系の権力は、下位体系の権力、すなわち、支配者が譲与した商人の権力や、それ以前から当該構成体がからめ取っている過去の生産関係の権力、また、「家族」の権力を通って、人民に届き束縛する。

（注） M．ウェーバー『社会学の基礎概念』前掲書、82ページ。

（1） 自由な人民の「自由」

全体社会の視点からは、あるいは概念上の支配者の視点からは、被支配者人民は、当時の秩序に従ってもらえばあとは「自由に」していてよい。当時の秩序とは、まず第1に、警察上の秩序であり、第2に、当時の支配者が決めた進む道であり、第3に支配者の生存の基盤である資本主義的生産関係の維持である。これを壊そうとする行動をとらなければ何をしても問題はない。

たとえば、支配者が戦争をするといっているのにこれに反対する。生産機械を開発するために学校を作っているのに、その授業システムを阻害する。これらは許すことはできない。それ以外は、非徴兵者がテーマパークで遊ぼうと、授業に出ないでアルバイトに大学4年間を費やそうと、自由である。他国の戦争であれば応援しようが反対しようが自由であり、個別企業の首切り反対運動など、支配者の暴力上の秩序を侵さない限りは、勝手にさせておけばよい。

しかし、本論は具体的人間の論であるから、この事情を被支配者人民に翻訳しなければならない。被支配人民は、このように、何をしてもほとんど自由だろうか。

この自由な人民、サラリーマンＡについて、彼は自由か、というとそうではない。がんじがらめで毎日を生きている。なぜそんな状況におちいるのか？　もちろん全体社会論的には、彼が生産手段を持っていないからである。彼は生産手段の所有者に、伏してお願いしなければならない。

このお願いは歴史過程で外見上「伏さなくともよい」ことにはなったが、事情は同じである。もっともこうした誰でも知っていることを長々述べてもしょうがない。その結果生ずる事態だけを以下に要約して述べよう。

（２）生産手段の収奪からの権力システム

世の中複雑なことに、こうしたいわば集団性の権力システムのほかに、資本主義には個人が生産手段を奪われたことによる権力システムがある。経営組織内での人事権をめぐる権力システムに対し、たとえば、経営者が労働者を雇用するときの権力、あるいは労働者が労働を見つけられない被支配、などを生じさせる権力システムである。

これは集団性の権力が肉体力とともに生産手段の収奪的支配からも権力を移譲されているのでわかりにくいが、いわば下位体系ではなく、全体体系に属するものではある。しかし、これが、現実に下位の権力行使を生む。

すなわちこの全体システムの下では、関与者は自己の権力をふるう「必要がない」のである。そこに住んでいて当たり前の行為ををするだけで、被支配者は十分に被支配されるという、まことに始末の悪い権力、具体性のレベルでは、誰も力をふるっていないので権力ではないが、強制力である。しかも恣「意」を自覚しない。要するに「システム」なのである。この強制力の下で関与者がふるう「権力」は、国家権力の分与である。

かくて、魔法の言葉「しょうがない」である。人はこの言葉の下でどんなことでもやれる（注）。

（注）ヴィクトリア朝、ある良心的な下女雇いの主人は、年末、下女を首にしてこういった。
「かわいそうにメアリー・デイラーは去った——残酷だが——貸間に移って行った——クリスマスのときなんかに勤め口が見つかる見込みなどない」。
L．C．B．シーマン『ヴィクトリア時代のロンドン』社本時子・三ツ星堅三訳、創元社、1987、175ページ。

（3）秩序現象の規定性

（ア）秩序と事実認知

秩序の契機は、行為者を強制する環境と、これに行為の原理原則により対応せざるを得ない、人間行為者である。

が、それだけではない。今言った対応は、いわば純粋経験である。その場での行為体勢であり、これ以上の主体的進展はもたない。これ以上の進展は、行為者の「反省」を経なければならない。

行為者の反省の契機は、強制的環境が持つ意味であるが、この行為者の環境の意味は、よって集まる「言語的意味」の表明にある。体制からの意味付けは、この直対応的環境への意味となるし、同様に対抗権力の意味付けも環境への意味となりうる。

が、ことはそこで収束するわけではない。それと同時に、これらの環境への意味付けは、その後自己が認識するその環境の自己への行為論的意義の実態認識との秤量により、この意味を指示したものへの疑念となり、敵対的基礎となる。

（イ）秩序と自由、あるいは不自由

秩序の中では人間行為者は、自己の行為論的自由を追求していると思っても、実は自己の自由に背いていることがある。人間の自由は確かにその「意思」どおりに事が運べばそれを「自由と感ずるの」であるが、それが解放にたどり着けない人間の陥穽《かんせい》でもある。

人間の自由な「意思」とは、行為の自発性なのだが、ここでの達成行為は、自発性ではなく、強いられた行為の達成であることは、考えもなしにわかることだろう。わからないのは自発性とそれなしの行為とどこが違うか、ということだ。

これは少しの反省でわかる。「そんな将来は『ほんとは』望んでなかったのだ」という心の叫びである。

自発性の将来には、そこに自分の人生をかけた価値が集約されている。「そうだ、このためにこうしてやろう、そしたら彼や彼女はどれだけ喜んでくれるだろうか」そんな自由な自分の思いのために人間は行為するのである。

しかし、強いられた行為は違う。「なに、これをやれって？　そりゃできるけどさあ、これをこうやってこうやればいいだけでしょ。なにこれで賞めてくれんの？　ま、そういうことだよ」。実はこの話はそこで収まりはしない。「え！　彼辞めちゃったの？　どして？　仕事がなくなった？　俺のせいだ？　え？？？」

支配下の人間とはそういう存在である。それが支配的社会関係と主観的な行為の差である。ある行為は、縦断的な平面においても存在し、横断的平面においても存在する。権力状況では、その権力的縦断的平面における行為影響の意味が、行為者本体に帰ってくるのである。

（ウ）秩序と自由の追

人間は、自分の思想の変遷とともに行動を変えるわけではない。行為の原理・原則に従って、行動を変える。主観にとって「強制」は、生理性の条件に係るそれだけである。

いかにも規範―道徳に従っている場合でも、それは「従って」いるのではなく、それらを利用して自己の自由を追求しているのである。それがいかにも拘束的な自己の自由への制限であっても、自己にとってはそれが自由の追求なのであり、解放の道程に益するのである。したがって、この個人の集積が人民である限りにおいて、「秩序の追求」とみられるものが人民の自由、正しくは解放となるのである。

要するに、刻一刻と変わる環境において、「敵」が違うのである。「いかにもの自由」の敵は支配者であるが、解放の敵は、具体的対手なのである。

秩序という実態のない支配の枠組みについては、その内実は誰も知らない。支配者でさえ知らない。それは原則的に姿を変えつつ常時存在する枠組みであって、その原則が取れた状態は、秩序内人間に解放感、ないし不安感を与えるものである。

自己の権力を持っていない若者は、秩序が強制装置であることをよく知っている。かくて若者は秩序の方法的な破壊行為を好まざるを得ない。それが一瞬の解放であっても。

2　現象上の支配権力とその自由

支配下で行為を区分けをしているのは、肉体力、つまり武力にかかわる局面である。これがまず生理的条件に直結する。

武力とは、他者の肉体力をあてにしていながらも、個人行為者の意思、都合等の行為者自身によって他者の肉体力をそこに集合できる環境を前提として生ずる現象のことである。

これに対比すべき、次節に回した賞賛と優越は、もちろん権力を基礎にしてはいるが、武力ではなく情動に関するファクターである。他者の肉体力ではなく、（肉体力を潜在的に宿しているとはいえ）他者それ自体という自己にとっての観念的存在意義によって、自己の行為が成立する状況を指している。もちろん他者の肉体力への自由は自己の行為論的自由を保障するものではあるが、他者は、それ自体で自己の行為を満足させる価値を持つのである。

（1）権力者の自由

生身の人間にとって「支配者」とは、単に彼自身の環境内に自己の行為を邪魔する者のいない位置に存在する何者か、という以外の存在ではあり得ない。この状態は、すべての体系内に生ずるものであり、行為者にとってはそれ以上のものではない、ということである。

すべての体系、すなわち、営利企業、私立学校、その他自由な組織を含め、そのトップは行為者にとって、同様の権力上の「トップ」である。

もちろん本当は国家支配者の権力がトップで、営利企業の権力はその権力の（私的所有権という法を通じた）派生形態に過ぎないのだが（注）、それは行為外の出来事なのである。

つまり人間にとって、行為者からは、直接の「支配」が抜ける。

なぜ人から支配が抜けるか。それは、直下の強制ではなく、生活上の支配とは、具体的行為者にとっては、いわば（自然）環境要因だからである。

ただし、人間としての各種権力位置占有者にも、もちろん権力は存在する。

（注）権利とはその国語、ないし学術語の翻訳の如何を問わず、権力下で権力に唯々諾々と従っている人民の、その行動許可範囲を指す。この許可が破れた場合、それは人間の行為検索の基盤における阻害であり、人民個人が怒るのが当然の事象である。
悲しい権利である。わずかに与えられた行動許可範囲を守る行動、これさえ犯そうという支配権力者が無事ですまされたら神も仏もいらない。

（ア）国家支配者の権力の源泉

国家権力者の活力は、彼をめぐる権力階梯にある。彼を目指した権力ピラミッドは、支配者の生命線であり、このピラミッドが小さくなる、平たくなる、壊れる、といった状況は、彼の最後である。同様に快適組織権力者、たとえば企業権力者も、彼を目指す取り巻きに、その権力の人間的源泉がある。

もちろんこれらの現象はただの現象であって、心理学の対象となるだけではある。いずれも人間一般にとっては「遊び」という範疇の出来事である。

（イ）行政官僚のイデオロギー

行政官僚は、自己の良心の如何にかかわらず、当時の優勢な価値規範をイデオロギー化して、認知機構に持つ。彼らは相異なる代議士を調整して政府の権力意志となさざるを得ないからである。他異なる立場の説得に当たっては、彼らに通ずる優勢な価値規範を言語化せざるを得ない。

かくて、行政官僚の良心の如何にかかわらず、彼らの言は「歴史先行的道徳的」になるのである。

（ウ）代議制権力

現代支配権力は、「具体的人間」の範疇では、権力の分割で成り立っている。つまり、具体的権力者に固有の権力がないかのごとく現象している。これが代議制の「民主的」性格なのである（注）。

もちろん、これは「具体的人間」の範疇の議論であって、支配システムの話ではない。具体的現象は、「武力を基盤とせずとも」具体的支配者になれる仕組みがあるのであり、これは現象に過ぎないことは、具体的支配者が任意に武力を行使すれば、その現象は一気に崩れることでわかる。

さてこの民主的分割は、権力の様態にいくつかの性格を生む。

第1に、彼によって潰せる支配者たちの部位があることを示している。固有の権力基盤を持つ権力候補者たちである。歴史を見ればわかるように、地主、資本家を権力者の配置から外すことができるのである。これにより分割権力者は、さらに自己の権力的腕のスパンを広げることができる。

しかし、それは分割権力者にとって良いことばかりではない。彼の肝心の権力の基礎が、非力な、数で数えられる「党人」にしか源泉がなくなる、という情けない事態である。数は数に負ける。頼みは、その数で勝るかどうかという、要は選挙の票数になってしまう。

これは傾向性であって、現実には具体的人間が死に続け、他方、少しずつの法的改定が繰り広げられ進んでいく過程である。こうした過程は常に存し続けるのであって、社会学徒は常にこうした過程の原動力を把握し続けなければならないのである。

（注）そもそも政治学者以外の人民にとっては、「民主主義」とは、訳語はいろいろとあろうと、その語を使う人民にとっては、自分たちのことを仲間内だけで決める、ということが暗黙の共有の了解事項である。政治学者以外にとっては、その了解に沿って、もろもろのカテゴリーが共通語となっているのである。
状況によってこれに都合が悪い場合には、新しく「（地方）自治」とかいう言葉を作る。

他方、仲間が消えた社会では、代わりに「個人主義」「人間の尊厳」とかいう言葉を作る。もちろんすべて、彼個人の自由への意志の表現である。

（2）支配者の自由

支配者の第1の規定性は自分の身体的条件の確保であり、資本主義社会であれば資本主義的生産体制の順調な確保である。しかしその身体的条件に考慮する必要がない場合は、あとに残るのは、第2として、賞賛と優越の確保である。典型的な条件が、後進資本主義国、あるいは資源輸出国における「政治」決定である。支配者は資源さえ順調に「掘られ」れば何をする必要もない。遊んで暮らせるのであるが、遊んでいると見なされると次位の支配者に狙われるので適当に賞賛を集めていればよい。

こうしたとき「政治」は、「意志的」に運営されるかのごとき様相を呈するのである。

この権力者の自由を揺るがす回路は、上記第1の場合において、暴力装置を握る権力者にとっての権力とは肉体力であることから、自己の武力装置を危うくするまでの肉体力である。ここで「肉体」とは、個々の人間が持つそれではない。人間は個々の数多い肉体を自分の目で見ることはできない。彼が認知するのはカテゴリーとしての人間である。この事情が権力対立内に、「団結」なる言葉を生む。

上記第2の賞賛と優越について、権力者の賞賛と優越は被支配者からのものではない。下位のものは彼にとって評価対象ではない。彼と同じ支配階級の賞賛と優越であり、また、彼ら支配階級が認めざるを得ない認知対象からの賞賛と優越、たとえば国家にかかわる賞賛と優越である。

（3）権力志向者の自由

さて、権力組織内の権力構成である。

前提上、ここで機能する要素は、生理性が前提の組織である以上、権力と賞賛—優越である。この場合の権力は、首にする権力を含む。この権力が階梯を生む。

第1に、権力機構は、シンプルな権力的階梯を構成する。

第2に、生産関係の上下が明確でない場合にあっては、その各生産関係の利害に応じて、権力階梯を構成する。

第3に、権力機構において、権力の発動が、武力機構に直結していない場合においては、賞賛—優越を自己の中に組み込みながら、権力階梯を構成する。

さてここで、日本的事象が発生する。男の集団化である。

日本では、共同体的社交の男性による独占により、それが「集団的に」現象し、したがってその特性が、「男」個人の権力だけではなく、（疑似）共同体上の「集団性」として現象する。

組織構成員各自の異なった利害は、権力内部において「民主的」には考慮されないのが通例であろう。しかし、支配権力平面上のヘゲモニーは、筆者の興味を持つところではない。ただ、笑止のような観念論がはびこるので一応、日常見られる現象について、理論整理だけ述べておく。

支配権力平面上のヘゲモニーは、

a　権力平面内では権力志向者の、まず、権力志向度によって初めの前提が決まる。権力平面内において権力を志向しない者は、権力を握らない。具体的社会においては、まず行為主体の「意向」が前提だからである。
b　ついで、権力志向者間においては、彼らの生理性の確保が第1の条件である。現実に彼らの生理性にあやうさをもたらす意見を述べる者は後退する。生理性と言ってもこれは基本的には抽象的な体制保全のことである。ただ、基本外に、普通選挙が機能している国家においては、選挙民の圧力を挙げておく必要がある。
c　彼らの間においては、ある時点においての上位者の便になる者が多数を構成するならば、彼らは一つのアドバンテージを持つ。つまり、こいつにつけば権力が握れる、と思わせる人間がさらに上位につく。
d　しかし、もう一つの条件は、暴力の所有・役務を実現する力での上位者の比較である。多くの人間は暴力が身に迫り、これに対抗すれば負けると認知すれば追随する。
この1つの前提の下での3つの条件が、支配者たる位置についての現実への対抗過程に生ずる諸問題の処理において、渦を巻くのである。
もちろん以上のことはどう転ぼうが支配権力内部の問題であり、本論とは関係がない。ただしここで強調したのは、こうした権力内紛争は、決してその権力者個人の思想や支持者に左右されるものではない、ということなのである（注）。

（注）「民主的権力組織」なるものを志向する変革組織は重々心得てほしいものだ。すなわち、変革後の国家内の諸矛盾は労働者と農民の細胞や国家機関、青年学生を通じてプロレタリア党に作用する、といったもっともらしい言は、普通選挙が機能している国家であれば一部は該当はするが、しかし、「（プロレタリア）独裁」国家における代議士選出法及び代議士の機能を鑑みれば、単純に誤謬なのである。

（4）被支配者の自由

（ア）企業組織の支配の喜劇

こうした下位の体系の権力は、現秩序の保全のために、すでに支配体系に織り込み済みである。この結果、すべては支配者に制御されていて、権力は、ある一定の目的にしか使えない。それにもかかわらず、ともかく他人の労働力を、支配権力者と「同様に」、自分の思う（一定範囲の）とおり労働さえさせられればそれが支配だ、と自分で思える心的構造をしている。すでにこの時点で人間「疎外」ではある。

たとえば、企業の権力は、「利潤の追求」に制限されている。それは支配者消費物の生産の翻訳語である。ところがそんなことには思いもかけず、それが自分の幸せだと思って満足する。

もちろんこの被疎外者は、金が自分の手に入れば支配者ではなく「自分の」消費物が手に入ると思い込んでいる。ところがもちろんそうは問屋が卸さないのは、世間の破産劇の通りである。

（イ）肉体力の集結

具体的現象としては「デモ」という集合性に典型的である肉体力の集結は、しかし、その現象構成の前の現実性としては、承認せられている道徳性、あるいは集合的「信条」である。

ある人間は、その環境において当然の他者行動の道筋について、これを環境として受け入れざるを得ない。これに反することは当該構成員の肉体力に歯向かうことである。これはシンプルに、集団の圧制である。

ただし、これは、そこでのコミュニケーションによって新たな社会過程が始まっていないうちには、単なる個人のバラバラの信条である。個人のバラバラの信条は、その他の賞賛と優越を使用することにより、これを変えることができる。

他方、これが集団的な社会過程を通ってしまえば、対手の持っている肉体力によって、その相互的集合が生じ、個人の目論見は圧制される。

これらの過程は社会学ではなく心理学の問題であるが、この２項目の権力回路について、次の社会過程が生ずる。

（ウ）直接的暴力についての対応

直接的暴力についての対応は、第１に、これに対して対抗する、というものがある。これはシンプルである。

ついで第２に、とりあえず我慢して、個別的暴力に対抗する。これはわかりにくいが常の対抗法である。

つまり、直接的な暴力が怖いのは、それが肉体の終結的攻撃だからである。たとえば村落的決議であり、社会的風潮を背景とした諸行動である。しかし、人間は個別には優しい人間とモラリッシュな人間がいる。彼らについては、その同情を、あるいはその倫理的同意を、勝ち取れば、社会の部分的改善が見込まれる。そしてそれは常に存在する対抗法なのである。

（エ）生産的・経済的圧迫

ついで、生産的・経済的圧迫について。第1に、あきらめて別の生活的方途を探ることはできないわけではない。最悪、飢饉以外の機会では施しを求めることができる。

第2に、これに対し、（1）の対抗手段を使うことができる。

そもそも生産的・経済的方途というのは、権力的な基礎に乗っている。これにより優しさと道徳を頼んで、協同的生活方法を期待することができる。政府の援助である。と、同様に、純粋に対抗的に争議を組織し、政府を脅しつけることもできる。その脅しが単純勝利することはないが、その脅しが（1）の方法に赴いた人々の「改善的」勝利を迂回的に導き出すのである（注）。

権力の支配の階梯に、ある具体的行為者が潜り込む方法は、賞賛と優越について、支配的時代のそれをカバーはするけれども、人間の自由には寄与しない。これは自由を求める者全般について「裏切り」の外観を与える。実際、そのイデオロギー主体は支配的思想を語っているであろう。

これに対して、権力を恫喝しようとする宗派は、新しい賞賛と優越に寄与する。

これらの権力対応の流れを作るものは３通りの自由の希求である。

第１に、権力者とその管理者の自己の行為の自由の希求。

第２に、自己の身体的存在を両立させる自己の自由の希求。

第３に、自己の身体的存在を捨てた自由への希求。

これらの登場人物のどれを欠いても、支配社会の歴史は存在しない。

（注）この点を大賀正行の部落解放運動史の簡潔なまとめでは、「行政闘争」である第二期の運動と呼んでいる。大賀正行『第三期の部落解放運動』解放出版社、１９９１。

３　法による権力の伝播

この世界では、権力は武装力という物理力の表示以外に、法的制度に委任した権力を通しても、伝達される。資本主義における支配者の生理性の資本家への依存は、人民支配への肉体力投資を倹約する一方、この支配を法化する。

そもそも権力とは支配者の意志なのだが、この集合的な支配者の日常的世界では、パーソナリティに由来する恣意は通らず、「公認された」恣意しか通らない、それゆえ、権力構成者は、トップでなくともこれを使用しうるのである。

一定程度を超えて複雑な支配行為が必要な場合、支配者はコミュニティをつくり、支配意志は文章により明示化される。これは形式社会学的な過程であり、本論では所与の前提とする。この過程により、支配過程に人間間の約定たる「法」を、確定された支配意志としての「法」として使用する契機が生まれる。この側面において、権力はその官僚的非恣意と同様に、裁判的非恣意を通って、統轄的権力平面を揺るがすのである。官僚の恣意的自由の平面と、裁判官の恣意的自由の平面が同じく、権力の意思に歯向かうのである。


この生理性の確保の方式が機能している間は、「選挙」も権力への影響力となる。

選挙民は、選挙により、代議員を自己の培ったストレスとその解消に該当するか否かの2択で選ぶ（注）。行為者にとって、彼が生きられている間は「生理性を懸けた」「選挙」なるものは空語であり、さらに投票選択行為に賞賛も優越もない。もちろん選ばれた代議員も、この先自分がどうするかは知らない。それが代議員であれ「国王」であれ、同じことである。すべては選ばれたときの「限定」の下で仕切り直しである。

ここで「限定」とは自分が言った「コトバ」である。決して選挙民の「本当の」意思や気持ちではない。複雑なことに、この「コトバ」は、選ばれたときのそれと残ったものとは意味が違う。選ばれたときはその言葉が持つ行為共同性がその意味である。一方、残された言葉には行為共同性はない。あるのはそのイデオロギー的事実と、それが選ばれたという外形的事実である。

ついで、それではこの状況下で選ばれた者がとりうる「選択肢」の規定性とは何か。

それは「実行可能性」である。

実行可能性は、人民の肉体力に対して選ばれた自分がどう動かされるか、あるいは自分がどうそれらを動かしうるか、というその案配である。
（注）もちろんストレスの解消とは、行為者が様々な理由で選択し得なかった将来の取り戻しである。とりあえず一人で生きるしかない行為者にとっては、賞賛や優越という関係行為ではなく、真空状態でも必要なこの観念的な自己の将来の再取得が、「革命」行動にもつながる重大事項である。そしてもちろん、現実の一時点において、彼が賞賛を取るかストレスの解消を取るかは、社会科学者に知れるところではない。

第２節　ささやかな解放

人は賞賛と優越を受ければ自由を体感することができる。人の生活に持続的に影響しうる賞賛は、支配権力・対抗権力による賞賛と、行為共同性内での賞賛とに分かれる。

権力による賞賛はそもそもの賞賛形態であり、前者はこれを受け継いでいる。しかしそれは、いわば、「自由な個人」が受けうる賞賛である。何ら共同性のない位置、あるいは行為共同性内の人間に対する優越に使用するだけの賞賛では、当該行為主体に一時的な志向を持たせるか、自意識上の確信を紡がせるかに過ぎない。

逆に、生産共同体等の内部において社会的地位の上昇＝権力の増大に裏打ちされている賞賛は、多くの行為主体を引き付けるのが現実である。

他方、行為共同性内の賞賛は、安定的自由に不可欠である。権力的上昇が見込めない将来認知の下では、それこそが自己の守るべき行為規範であり、また他者と認知しあう明示的な行為規範となる。

1 直面する社会の賞賛と優越

行為共同性内の賞賛とは、簡単に言えば、行為者がその社会についての情報に感ずる真理上の思いの往来である。人はこうすれば外界は自分に賞賛と優越をくれるだろうという想定の下に行為をする。ここで彼の日々の解放は、その取得によって得られる。典型的に、ジャーナリストに見られる事態である。

（1）他者による評価

評価の行為論的源泉は、行為者の納得である。すなわち、彼ないし彼女の、彼ら自身の現状的位置の追認である。

ある事象が彼らの行為の原理・原則に合致していれば、彼らはこれを「評価」する。すなわち、彼らの行為選択を他者が追認するという彼ら自身への評価により、彼は、彼のホルモン分泌を、その現状でお手盛りする。この要素がない事象に、行為者が納得することはない。この結果が、他者にとっては賞賛と優越の素となる。

と同時に、この評価が自分にとっても正の評価となり、相互的な「社会の」評価を成す。他者への「評価」とは、アカデミズムの関係者はご存じなように、自己への評価なのである。

なお、評価の反意語は「無評価」であることを付記しておく。「反対評価」は評価の一であり、反対の表明が自己の評価につながる本質を持っている。

（２）ターゲットとしての指導的な文化

指導的な文化とは、大多数の人民にあこがれを持たせ、これをマネしたいと思わせる文化である。

ではその文化の担い手は誰か。

まず基本は権力者である。大多数の国家構成員に権力をふるえる人間は、見習うに値する文化を持つ。

しかし、そうした権力者とは、現代未満の人種である。すなわち、国家構成員が権力者の配下であった時代であり、誇るものは収奪の成果であった時代の構成素である。

文化は、歴史的初形においては、当該社会構成の中での権力者の命令である。「お前ら、以後もこのとおり行え。そうでないと俺は怒るぞ」というのが文化の原型である。もちろんこの文化は他者によって、「だめだ、これが次の段取りだ」と権力の多寡によって変えられてしまうのだが、同じ構制のなせるわざである。

これが権力による行為主体拘束の原則的過程である。権力内過程者は、権力による賞賛を自己供給しながら、優越の重なりを主体的に積み込んで、自己の自由を拘束しつつも限定的に実現することで満足するのである。

しかし、先進資本主義国において、指導的な文化とは、すべての人間が国家構成員になった時代において、彼らが真似しうる行為様式を表出する集合性がもたらす文化である。そこにおいて人民は、人民全体という権力的な集合性のもとに権力を謳歌する。

（3）大衆文化

文化の発生根拠は、行為者の自由の希求である。したがって、共同体の内部においては、「自由のある者」のみが文化を享受する（注）。

人間は自由を求めて行為するという前提から、行為者の努力の必要な生理的条件の確保以外の行為というその性格により、必然的にそうである。

大衆文化とは、大衆の肉体力支持の下に、1点の自由を獲得しようという文化である。

ここで前衛文化とは、破れるかどうかはともかく、後衛はなくとも自由のありかを知らしめる認知を伝える文化である。

（注）世の中に社会関係が閉ざされている集団がある限り、そこには独自の文化がある。すなわち、大社会から疎外されているがゆえに、第1に、大社会の賞賛と優越を自己のものにできない人々が存在し、第2に、その人々は彼らの閉ざされた関係のなかで自分たちの賞賛と優越をはぐくむあるいははぐくまざるを得ないのである。
この局面の叙述においては、その阻害要因を記さなければならず、その集団の特殊要因を記さなければばな

らない。

さてここで、第三者たる研究者の志向はどこへ向かうべきであろうか？

三方丸く収まるのは下位文化が消えて、上位文化を身につけて、ただ単に疎外された地位に納まる、ということのようにも思えるが、本当にそう思えるだろうか？

いやそれは違うだろう。少なくとも下位集団員にとっては違うだろう。

やっかいなのはそれ以上に、その支配からの脱出方法が、集団文化記述の代わりにならざるを得ない、ということである。疎外がある場合は、その文化の叙述に意味がなくなる、というわけである。

（４）結果する無思想化という現象

階級的構造内の「理論者」の表明は、右であれ左であれ、大衆迎合的であれ高踏的であれ、彼らの仲間内の言葉を使った、優越ゲームである。資本主義の進展は、高等教育の平準化をもたらし、この結果、「言説」は「口舌」であることが暴露される。と、同時に、先進資本主義の労働貴族化による階級的条項の喪失は、口にすれば優越できる理想の消失でもある。

（５）知識報道層の社会的高位置

そもそもその社会での知識報道層の高位置自体が、その当時の社会の「価値」にフィットしていなければならない。もちろん人文社会の高等教育者（＝評論家）の社交性は、この一致を前提とする。それが賞賛と優越である。つまり「価値観」が学派の一派を規定するのであり、それはもちろん他の社交性＝集団にも同じことである。それ自体に権力を持たない権力体系下の集団においては、賞賛と優越こそが「権力の配分」を規定するのである。

これは、権力を持つ行為者がもともと占めている上位体系の問題である。上位体系が下位体系を規定している。つまり、初形である支配権力者の仲間としての高等教育者は、その後の資本主義の進展の中では、社会の価値を受動的に体現することになる。

資本家にとってのパフォーマンスの重要さ、これに対する労働者にとっての受領物の重要さ。この2者は、ひとしく資本主義的合理性なのであるが、それに賞賛と優越という「社会の価値」パターンが、その特徴の規定的契機となり、資本家の行動と労働者の行動を決める。と同様に、高等教育者の表明内容も決めていく。

（6）ナショナリズム

まず、主張としてのナショナリズムはどの国家内構成員にも生じる。国家間のいさかいがある限り、観念的には必然的に結果される主張なので、このいさかいの周辺者は必ず考えるわけである。これに対置される個人重視の主張も、国家権力に脅かされる人間が必ず生じるので、その当事者が主張するところである。これは、対置はされるが、成立次元の違う主張である。この段階では、いずれにせよ両者とも、ただの意見である。

ついで、国家権力者がイデオロギーとして流布したい国家主義がある。この存在には、かならず、そのイデオロギーによって叩き伏せるべき対象勢力のイデオロギーがあるのである。つまり、国家の分裂が、この段階のナショナリズムの存在要件なのである。言い換えれば、生理的条件の確保をめぐる闘争が存在要件なのである。ここでこれへの対抗イデオロギーは、国家を挙げた変更イデオロギーと、個人主義のイデオロギーとである。このとき前者は主張されないナショナリズムである。

イデオロギーの外観を取り除いたナショナリズムの本体は、暴力の行使をめぐる隣の人間との共有志向である。それは国家暴力と隣組で組織されることもあるが、それはできあがった制度としての暴力の組織化の１形態である。

前に戻って、この主張されないナショナリズムの主体は人民である。国家が分裂しているときには、人民は自己の暴力「力」を国家に集約されるのは拒否する。そこで何と呼ばれようが、民衆の暴力は民衆の「うち」において集約される。その口では国家を唱えようとも、彼らの暴力の共有先は、隣の人間である。民衆の暴力はそれ以外に存在もしようがない。なぜか？　国家から離れた瞬間に、民衆は自分が殺されてしまうからである。自分が殺されても満足な仕様の下でしか、民衆の暴力は発揮し得ない。

ここでは初めに民衆内部での暴力の行使がある。次いで、その共有態勢がある。それが国家にとらえられるのは決して偶然でもないし、さらに重要なことは、国家の陰謀でもない。国家権力者でさえ困ることに、民衆が自分たちで暴力を集約してしまうのである。

（７）宗教的共同性

ここで下層人民の上位への共同性を形作るのが宗教である。

まず誤解がないように言えば、宗教上の行動性は、決して観念的なものではない。それは当該宗教が確保する地域上の、すべての人間の行為を、宗教行為とその達成という形で、実現する、行為共同性の源泉である。

有名な「宗教はアヘンである」という観念論主義者のマルキストの言は、そのまま現実に妥当するのではない。そんな教義に惑わされる人間など、地べたに這いつくばるように生活せざるを得ない人民の中にはいはしない。そうではない。人民は人間として、彼の人間的な行為の中で「アヘン」なる感覚を感得するのである。

すなわち、ここにおいて、犯罪的にも、下層人民は上層人民との宗教行為において、己れと上層者との同一性を確認する。そこに彼らは自分の地域的世界での「価値」を見出し、1年で何回かの人間的喜びを見出すのである。

他方上層的下流人民、いわゆる地域中産階層の宗教的共同性の意味は何か。

そこにおいて彼らは自己の「優越性」を行為的に体感するのである。

この両面に矛盾があると思うのは間違いである。下層は上層との一体感に満足し、上層という名の下流人民は、しかし地域の中において下層が「自分の下になる」その一瞬に満足するのである。そして、いくらでも「寄付」をしてその満足を強化するのである。

かくて、差別的階層があるところには宗教がはびこる。

2　行為者による獲得行動

本項は、簡単に言えば、行為者が現在の延長としての彼の未来において、賞賛と優越を取得するためにどんな行動をとるか、といった問題である。

（1）賞賛の諸態様

社会の賞賛は、それを行為者が取り入れることで自分への賞賛や優越として活用することができる。とはいえ、同じ事項が別の立場において2通りに使われることもありうる。たとえば世間の大方で承認されたと思える事項に関しては、それはマスメディアで堂々と取り上げられることでわかる。ある行為者が自己の賞賛のためにこれを正の次元で使用することができる、のは当然である。

が、他方、同じ事項を、それが社会で承認されていることを根拠として、これに負の態勢で攻撃することで、世間の賞賛を当てにすることもできる。それは第1に公的な対抗権力がある場合ではあるが、それ以上に普遍的に第2として、権力社会においては常に、社会的承認にはそれ自体で、反賞賛に正の賞賛がつながるのである。もちろん、人間の行動志向が自己の自由に向いているからである。

もっともそれらはいずれも現象形態である。

人間主体にとって、本来的、ないし根源的に意味のある賞賛は、本来的情動を抑圧せんとする権力に対抗し得る所以をもってその資格を得る賞賛である。賞賛とはただの選択肢の呼称である。人は常に自己の自由を欲する。その自己の自由の身体的満足を抑圧するものには嫌悪しか感じないが、これに対抗する人々がいれば、肉体を持った複数の人々はこれを賞賛する。ここに「賞賛」が発生する。いったん発生した賞賛については、この賞賛を得て満足する人々が発生する。

この賞賛は、ストレスの発散に分極的な仲間意識を得ている人間にも選択の対象となる。すなわち、反賞賛を標榜する行為主体にとっても、その根拠たる権力の変遷によって、賞賛選択が変更されるのである。こうして人間的な賞賛は常に勝利する。武力上は破れたように見えても。

（2）外社会のイデオロギーによる賞賛の消滅

賞賛は権力により生ずるが、その権力が賞賛を呼び起こせない場合、その権力は権力そのものとなる。もちろんそれは常にどんな下位体系においてもそうなのであって、対面体系に生じうる必然である。これは行為論上の果実の非取得であり、人間の自由を阻害する。

これに対しては外部体系から権力の追加注入をするしかない。すなわち、たとえば、国家による施策である。これは直接には果実の提供を表明させるが、要するに権力が加担していることを知らしめれば目的を果たせる。

（3）行為者と未来

もちろん、一般の行為者は、この先の自分の世界がどうなれば自分に都合がよいのか、真実を自然に知ることはない。無知の中での努力はしばしばマイナスにも影響する。

しかし行為者は自己の努力の中での思考と他者からの情報により、よりよい方向を確保していく。

過程の中で、第1に、生産手段の個有のあきらめ、第2に、行為共同性のなさによる「向差別」と「個別への分断」が生ずる。

すなわち、大衆一般は生理的不自由による今日の作業の改善を望んでいるわけではない。今日と同様に明日も進んでくれればよい。そうした部位にとっては残るものは自己の賞賛と優越の確保、すなわち権力者の立場の踏襲であり、そのためには無権力者の見方はできないのである。

そしてそれと同様に、第1に、権力者に対抗するためには生産手段を所有しなければならないこと、第2に、過程の中で生ずる行為共同性が持つ賞賛と優越の中の人間は、権力者に対抗しうること、が認知される。

行為共同性は、他者の将来が自己と同じである必要があるが、自己だけが劣位である場合、この共同性が分断される。それでも支配上の環境要因について行為共同性は継続されるので、支配についは共同的感覚を持てるのである。持てなければそもそもの「分断」の前提はないのである。すなわち、支配権力の拡大現象は、被支配者をして分断を乗り越えて共同行為へと向かわさしめる。それを決定するのは、生理的条件の変動が目に見えないうちは、賞賛と優越である。これが動いたときは、すでに、それによる環境上の生理的条件が動いてしまうのである。戦争、内乱、革命である。

第3章　環境要素の変更による解放

支配社会における具体的人間は、確かに権力に抑制されてはいる。しかし、支配社会における被支配者とは、圧倒的な肉体力を持つものでもある。この特性により、権力にかかる規定性は、決して静止的なものではない。これを被支配者が動かしていくもの、と表現ができる。

すなわち、大衆にとっての自己の肉体力の規定性とは、第1に、肉体力を強化する自己権力化。第2に、行為共同性の強化、第3に、社会的正当性の獲得浸透。これらの権力要素により、人は権力環境を変更することができる。

もちろん、具体的人間の世界では、どんな人生の誤解であろうと、隣人をつかめば彼の思いは完遂される。ただ残念ながら、2人の肉体力では力にならない。それが全体社会の科学の世界である。

以下、このために諸要素連関の回路を見ていく。

1　人民の肉体力は常に潜在的には大である。
2　下位体系の支配を変える上位体系の権力は、人民の肉体力によって変更される。
3　法体系は、人民の肉体力によって変更される。
4　支配者は、人民の肉体力の増大によって、常に揺らぎの一歩手前にある。
これらの変化が要素連関を通じて支配者に達する。

なお、こうしたいわば権力に対して、二次的な権力事象が存する。下位体系における上位権力の諸利用、すなわち「差別」である。これについては次章で扱う。

いわゆる「集団」と呼ばれる社会関係において生ずる権力的上下関係が、「一次的」ではない、と言っているのではない。そうした時空を超越した形式社会学の話をしているのではない。たとえば十分広い平面的農業開拓地における一家族について、そこで何代かの時間経過のうちに生じた夫の権力的上位の状況は、「差別」ではない。たんなる権力関係である。しかし、アメリカ西部開拓地にイギリスから移住してきた1家族における男性上位の文化は、これは「差別」である。

因果法則の定立をしなければならない社会科学においては、解決策の異なるこれら2通りを同じ現象として扱ってはならないのである。

第1節　自己権力の獲得

1　自己権力の常態

力がないとあきらめている人間に力を出せというのは不可能である。彼にはそんな「自分の行為上の未来はない」のである。自己権力は、これを支える他者、これを賞賛と優越で支え、あるいは肉体力によって支える他者によって、自己の前に顕示される。

ある具体的個人は、それまでの自己の壁たる社会の構造と折り合いをつけて、自己の権力の到達範囲を保持している。それはそれ以後の将来から見れば相対的に「ささやかな」自己権力ではあるが、しかし持っていないわけではない。

しかし、必要なのは、「新しい」自己権力である。そこからいわゆる「自己の殻を破る」わけである。破らなければいまだにはだかる壁は越えられはしないのである。

支配者と比べて被支配者は、2つの余計なプロセスを形成しなければならない。

第1に、行為共同性を持った人間が複数として成立すべき、権力源泉の形成であり、第2に、そこから自己等へつながる権力水路の構築である。

つまり支配者はその体制の権力を使い、その体制に備わる権力維持機構を通せばいいのに対し、被支配者は、自己に加担する肉体力と宣伝勢力を形成し、その肉体力を他の人民に及ぼすルートを開拓しなければならない、というわけである。

支配者と異なり、被支配者は、支配者たるべき自己権力が必要である。つまり、どんな人間にあってもこのルートは必須なのであるが、支配者はこれを、たとえば幼少のみぎり、既に勝ち得ているのである。

2 支配者への自己権力

こうして成立した個人と出会った対立者が、ようやく、個人としてたじろぐ。あるいは対立者としての自己を認知する。

この対立者が、具体的次元の、あるいは可視的な次元の「敵」である。この敵との戦いが行為者の問題であって、そこでの勝敗が彼らにとっての勝敗である。

が、もちろん、その勝敗によってシステム自体が決定的に変更されるわけではない。次元が違うのである。

この自己権力は、たかだかの前衛によって得られるわけではない。人が人の間にあって人の将来を代わりに成し遂げることによって、その行為作業によって自己のものとなるのである。

このとき行為共同性の高い社会にあっては、権力という力の表明のない権力者は、支配権力の喪失を意味する。人民は、あたかも自己が権力者であるかの如く、権力政治を見るからである。

人民行為者の被権力的生活領域は、彼にとっては自己の賞賛と優越の場となるべきである。当然に権力者の権力行為は、人民行為者の文学的慰めの場とならなければならない。にもかかわらず、権力者がなんの政治権力も使わなければ、そんな権力者はクビである。

これが権力の社会学的縦構造である。権力は社会科学上のシステムとして決してなくなりはしないのだが、その位置を占める人間行為者は、その行為共同性の範囲のなかで、いつでも首を切られて当然なのである。これが本来のポピュリズムである。

もちろん、具体的権力者はいつでも復活しうる。人民を拘束するが有効な政策の実行、軍備機構の人民の目に見える執行は、その具体的条件である。

3　行為共同性と観念性

人は、まず自分の自由となった状態を知らねばならない。その上で、その先駆者はその自由が「ない将来の物語」を作る。

左記書に、日本において消費の手段（＝カネ）を手に入れた女性が歴史上初めて、自己の自由を確保するさまが描かれている。

坂本佳鶴恵「消費社会の政治学」『講座社会学7』所収、宮島喬編、東京大学出版会、２０００。

といっても若すぎてお分かりになれない向きには、逆に女性が何の自由もなかった、つまり物を買う「自分のカネ」がなかった昭和前期の状況について左記の書を参考にされたい。

和田金次・竹内義長編『娘たちのつづった　農村の母の歴史』たいまつ社、１９７３。


次の第2歩目にして、人は自己の環境のどこにでも行ける自己を知る。

もっともそのとき、「行ける」という事実認知がなければどうしようもない。しかしその事実を、自己の周囲にいる「運動の雲」を構成する人々は形作るのである。それは決して運動の「中核を自認する」人々がなす業ではない。「意識性」がなければないほど良い、そんな人々によって、その当時抑圧されていた人々は、自分が「自由でいてよい」という事実を知るのである。


あるアジテーションについてある集合性で解釈が共通する要素が十分に多いとき、その集合性の該当者には、解放の共同性が生ずる。それは半ばは観念性であるが、行為共同性を持つことによって、肉体的権力を生じさせうる。

たとえば経過的封建性下の主婦にとっての解放は、これをテレビの主婦向け番組でアジテーターがしゃべるコトバに、共通した解釈を取る。主婦の解放の観念が生ずる。

この観念は、道端（井戸端）でのおしゃべりを通じて、確定的になる。その後再度アジテーターが行動を呼びかければ、この呼びかけは、まだ行動には至らないが、「観念性の段階で」既知の行為の選択的基準となる。

人は状況認知の行為者による違いについて考えることはよくあるのに、こと言葉についてはその言葉に引きずられる。それが西洋思想というものかもしれないが、理由の如何を問わずそうである。しかし実はこの言葉の主体的感受性こそが、行為構成体としての主体を構成し続けるのである。

4　相対的な権力内部の争い

人間の社会的地位の認識は、自己の力の評定によって決まる。ここで、上位・下位の区分の下位に属する行為者は、自己の力も顧みず、権力者に貢献している我は権力者に準ずる力を持っているはずだ、そうだといいな、と考える。これはもちろん、これに反対する事実認知が行われないからである。彼はそこそこの権力を、最低限、家族内社会について前から持っている、これが根拠である。そしてその認識が、その他の「弱い」集合性に対する差別意識の根拠となる。

ここで、この誤った認識を変えるには、自己の権力のほどを思い知らせるしかない。

5　自己権力の他律的変更

個人が持つ、自由を認める、あるいは自由を薦める、信条は、2通りの根拠を持っている。

第1に、行為上の本来的な自由欲求について、他のイデオロギーを排してこれを信条とするもの。

第2に、そうではなく、それを口にすることで世間の賞賛と優越が手に入るために、これを口にするもの。

両者は現象的に同様の行動をするが、前者はそれを外部に表現する理由がなく、後者はこれを表現することだけに意義を持つという違いがある。

この後者の事情が、運動の雲をつくりその帰趨を決めるのである。

なお後者は、それが表れるときは、自己評価の賞賛、あるいは自己否定の推奨、という形をとる。だからすぐに自助論、あるいは自己責任論に転嫁されるのである。賞賛と優越は、個人の価値観として現象する（注）。

ここでいったことは、価値観に善悪などあるはずもないということであり、だからどんな価値観も同等だ、ということであり、さらに、その価値観の変容は、彼個人の施策その他の努力ではなく、賞賛と優越の与え手の変更に属する、ということである。

（注）ここで選択の個人間差異については、好悪、あるいは将来認知の合理的確信その他の行為原則にかかわる

ものはある、が、それらは日本語で「価値観」とは呼ばない。

なお、「エートス」などという都市伝説のような言葉は、いい加減やめたほうがいい。「エートス」が指示している事象は、当該集合性の賞賛と優越の規準に過ぎない。ついでにいえば、「誇り」とは、賞賛と優越の確保状態のことである。

第2節　権力の変更の原理

ここで、権力執行機関の一般的規定性を述べておかなければならない。人民の行為がその規定性に影響する、その対象の様相を見極めていなければならないからである。

といって、形式社会学的な一般論が存在しうるといっているわけではない。あくまで近代資本主義社会の人民にとってどうか、という問題である。戦国時代の鳴海村人民にとって、斎藤道三が勝とうが織田信長が勝とうが、「大勢としては」そもそも何の変更も及ぼさない。もちろん、那古野城下の1町民にとってどちらが勝つかは商売上重要な事項でもあろうが、本書はそういう視座を取っていないのは述べたとおりである。

1　集合的権力の重層

まずは支配の存在自体である。

支配は当初、そこに集約される肉体力の大小に決定される。これが支配の根幹である。

したがって、

（第1）より小さい肉体力は、より大きな肉体力によって変更される

武力権力＝肉体力は、より大きな武力に包括される。闘えば負けるからである。したがって、家計内権力は、その権力と競うように押し寄せる肉体力については、その肉体力を優先せざるを得ない。

農業共同体内のあるイエでは、農業共同体の取り決めに沿ってその権力が行使される。

下位体系自体が持つ集団的権力は、支配権力を媒介はしない。それらは別個のものである。ただし一方、支配権力内の農業共同体内のあるイエでは、支配権力の指令に沿ってその権力が行使される。

ここで、「支配権力の指令に沿った農業共同体の取り決めに沿って」と書かないのは、支配権力は農業共同体を「媒介しない」からである。その言葉は媒介しても、権力は媒介しない。農業共同体には支配権力とはまったく別の利害があるからである。ここで、権力を媒介しなければ、それは不要な叙述である。

支配権力は、それ独自にイエ権力に影響する。

他方、農業共同体は「支配権力に逆らわない外見を取って」自己の取り決めをせざるを得ない場合

があろうが、それは彼らの「独自の」決定である。

さてところで、上位体系の権力に端を発しているわけではない権力は、当然にそのお尻を上位体系の権力の帰趨に持ち込むわけには行かない。生産共同体を離脱できる近代農民、特に女が自由にふるまえることになった「イエ」はそれを資本主義国家に訴えるがそれは許されない。

さてここで、下位体系のよって立つ根拠である権力による直接的な規制がなくなった場合、次に残る権力は、この現状を「当然だ」という権力と、これに伴う賞賛と優越である。もちろんいま「次に残る」と書いたが正しくは「次になんとか持ち出してくるのは」である。人は悪気がなくとも現状を変えるエネルギーの元がない限りは保守である。

つまり下位体系の権力を排除するには、その根拠を廃絶するか、これを上回る権力を導入すればよい。

2　下位体系上の支配

ついで、同時に存在する複数の支配は、第1の状況によって、より大なる支配にのみ込まれる。
したがって、
（第2）下位体系の支配は上位体系によって変更される
ところで下位体系上視点での上位体系の支配は、理論上のそれとは異なって、具体的な、システム上のエイジェントがこれをなすように見える。幕府の将軍であり、城の殿様であり、総理大臣である。したがって具体的行為者は、この具体的エイジェントの言うことを聞かざるを得ない。いかに理論上幻想といおうが、具体的人間にとってはそれこそが支配なのである。

当たり前だろうか？　いやこれを当たり前と言ってはいけないのである。本来の支配は武力権力によって生理的原則を脅かすことによってなされるのだが、この支配は、間接的な武力によって確保された、賞賛と優越によってなされるからである。郡代であり村役人であり県知事である。間接的とは、その上の武力がいる、ということである。いるからこそ「下位体系」なのである。

3　法と関係

さて、成立した支配は、その支配の支配者の生存条件によって規定されている。この生存条件は歴史的状況によって異なるのだが、近代資本主義社会においてそれは、資本主義的生産様式の安定である。
前提によって、
（第3）法を変える
ある占有について行為者の消費物資にかかわる取引が始まる。取引の確定、すなわち契約とともに、ある占有者は上位者と同等となり、ある占有者は「所有」者となる。

ここで読者は、なぜそんなことが起こるのか、と疑問を持ってほしい。何を主張しようが下民は下民。上民ないし地主に逆らえるわけがないではないか。

なのにそんなことが起きるわけは、上民より上の権力がそうしろというからである。最上位権力者（多くの場合国家）が、権力によりそれを保証するからである。

相対的下位に生ずるこうした日常は、これを反映して上位支配者にとって動かしがたい環境となり、ここで「法」としての契約と所有が生ずる。

上位者の存在は最上位権力者の生理性にかかわることから、最上位者にとっても動かしがたいものとなる。

同様に、法で確定された社会関係は、支配権力者がこれを破ろうと決意するまでは、支配権力者への行為規則となる。たとえば、選挙制度による支配者勢力の代替である。国家武力を左右できる支配権力者はこの選挙制度を否定することも可能ではあるが、それには大きな副反応への覚悟が必要である。

4　下位体系の権力による支配権力の凍結

近代資本主義における支配者は、自己の武力をふるわない。彼が武力をふるうのは人民の肉体力が迫る場合に限られる。

したがって、

（第4）支配権力は支配行為の揺らぎにより支配者としても揺らぐ

具体的人間の事実認知にとって、支配武力は抽象的に存するものではなく、その実体は兵士の武力であり、その着物は支配システムの最上位の意志である。武力が国家に、あるいは人によっては社会に、同様に世の中に、存在するということは知れているが、ではそれがどう行使されるかは、「世の中の代表」の言動からしか知られない。

常に権力は、肉体力と、その肉体が着る着物の二分である。人はこの権力の実効性を、その着物の色で判断するし、そうするしかない。

ここで、その着物の形態が不明になればどうなるか？　混乱であり、権力の乗っ取りである。この場合、それが多数の関連人口に事実認知されるまで、得意の方法で武力誇示を表示し続けるのが歴史的事実である。

5　権力調整機構

さてトリビアルに見えるかもしれないが、近代資本主義においては、支配は自己の武力をふるうことなく、支配機関トータルとして、トータルな支配者として君臨している。

したがって、

（第5）官僚による変更の助力

体系論理上は必然としてスルーする事項であるが、行為者に焦点を当て続ければ、言及しなければならない事項がある。権力調整機構の生成である。

支配権力者は自分の言いたいことを言っていればいいのであるが、それでは支配体系は収まらない。収まらない事情を支配者の能力の欠如を問わずフォローする過程が生ずる。それが権力調整機構であり、これを差配する官僚行為者である。

もちろん彼らがどう調整しようとその調整を無視する研究者にとってはかまわないし、それゆえに彼らをオミットした基礎理論が成立しうるのだが、しかし、にもかかわらず、この機構が新たな要素を加える。

もちろん、そこでは支配者の「意」は薄まり、手法としての「論理」に名を変える。

論理は無色にして支配者の意思を体現するのであるが、それゆえに、人間の価値意識を持つことができない。「無機的」という意味ではなく、過去の法的基準と、それを引き継ぐ論理連関の提示によるしかない事情のため、当初の感情を伝えられないのである。扇動家なら、「それがなんだというのか！」で乗り越えられる壁を、支配者は実は超えることができない。

これが、歴史によって人的な主体が選択される、変革の最大要因である。

第３節　行為共同性と肉体力の集合拡大化

１　賞賛と優越の意義

賞賛と優越は、いわゆる解放という行為環境の権力的変更にとっては、対抗権力の肉体力の集合・増大に寄与する。その賞賛と優越を入手したいがために、対抗権力の傘下に入るわけである（注）。

人は行為論的自由を欲する。これが人間の歴史の進展の大前提である。この原動力を否定しては、社会の変遷は何もわかりはしない。自由を欲する人間行為者は、この自由欲求のために、自己に都合の良い権力を求め続ける。その権力を取り込み、あるいはこれに歯向かいうる権力を探し続ける。このとき、誰が賞賛と優越の源泉になるか。それがまず第１に、権力状況の集約と合致するのである。

人は社会に束縛されていると思えば、そこから解放してくれる権力を探す。よさそうな権力を見つければ、それに与することが自己の「価値観」にそぐうかどうかを考慮する。それに与すると、嫌いだった教師と同じ価値観をもって自分の行動を制限されるとしたら、願い下げである。

人はまず権力を探す。その賞賛と優越の内容は、その次に控えた問題である。この結果、賞賛と優越の廃棄も権力の姿如何となる。政府のやり方が自分を拘束するなら、政府がもちだす「価値観」は拒否の太守王である。賞賛なり優越なりという人の心の表現の如何にかかわらず、その表現の入れ物の変容の過程が、すなわち権力状況の崩壊過程なのである。

しかし、ついで第2に、行為者にとっては、権力のありかが賞賛と優越により表現されると、この賞賛と優越が人間の肉体力の集合を表すようになる。人が傘下となった権力の価値観は、次に、人が他者に「薦めるべき」価値観となる。この価値観は、権力ではなく、それ自体が権力の姿を指示する。こうして、賞賛と優越は、それ自体が権力なのである。このため賞賛と優越は、結果から見れば、第1に肉体的権力の動員に、第2に権力が指示する事実の変更に使われる。

（注）近世以前の自称闘い方とは、人民の肉体力、あるいは労働力に頼ることなく、「アタマ」さえ取れば勝ちというう、今でいえば子どもの遊びほどのテーマであった。違いといえば、命が懸かっているということはあるが、子どもの遊びに人の命が懸かってはいけないというルールはない。ただ、巷では今でも、それを前提として革命論がたてられているように見えるのは、すがめであろうか。
なお、権力行動については、理論上、何の歴史過程を参考にしてもよいのであるが、筆者はとりわけ「神奈川の部落史」編集委員会編『神奈川の部落史』不二出版、２００７を参照した。

（1）肉体的権力の動因について

つまり、支配に対し
ア　人はこれに対抗するため人を集め
イ　支配はこの反抗に対し自己に味方する人を集める必要がある。
「ア」の過程は派生的に次の事情を生む。

第1に、反抗主体は、個別的行為者に対し、その信条に訴える。すなわち、賞賛と優越の取得を、言質により見せる。「君は人間としてそれでいいのか?」等である。

第2に、反抗行為は、これに伴う価値観のもつ賞賛と優越について、第三者の信条を揺さぶる。揺さぶられた第3者は、次いでこの行為に参加するか、あるいは反抗行為者の権力度に応じて、自己の環境に適用することを検討し、その程度によって決定された行動を社会に出現させる。「彼は大学を卒業ができなくなるのに闘っている。僕はこれでいいのか? よくはないがついていけない。じゃあどうする?」等である。

(2) 事実の変更について

この段階での事実認知である。人には無規定的な未来などない。支配下の人間は、その支配との兼ね合いの中で、自分にとっての未来の事実を探る。

ここで事実認知は、種々の志向を持つ他者(複数)の権力の度合いを考えるわけで、その権力という現象に交じっている賞賛と優越が、行為者に媒介的な影響を与えるのである。「対抗権力組織についてはいけないが、幸い教授は進歩的だ。大学院にいけば、僕はノンセクトだから、自分の価値観を保持しつつも将来はあるかもしれない」等である。


(補註)

ここで、反抗について自己に味方してくれる人々あるいは自己と行為共同性を持つ集合体について「生ずる」賞賛と優越について、どう扱うべきであろうか。

これらは解放行動の回路に乗る現象ではなく、社会心理学的問題に過ぎない。もちろん現実にはそれこそが行動の具体的状況の展開を決めるわけだが、それはなんら解放には寄与しない夾雑物なのである。大学内のある音楽グループ内部の賞賛と優越は、グループ員に同じ行動、たとえば「部室の確保運動」をとらせるかもしれないが、だからといって彼らが解放されるわけではない。

影響があるのに寄与しないというのは、具体的行動の「勝敗」が解放を決めるのではない、ということである。それは本論の展開を見れば明らかであろう。

2　事実認知の陥穽

賞賛を背負った行為者は敵対する権力を打ち破り、その勝利は自己の権力を増大させた要素の賞賛を拡大させる。

もちろん賞賛は常に権力に裏打ちされているのであるが、たとえば支配権力によって築かれた賞賛も、これを背負った行為者にとっては支配権力に対する武器となり、第1に、その背負う力が一時的な自己解放をなし、第2に、統合された運動により当該権力のおおもとを、壊す作業をなし遂げるのである。

かように、人間行為者の社会的行為は、自己の行為の将来の実現という自由と、自己の行為による賞賛の取得という自由との2通りによって成り立っている。この2者のどちらを欠いても、社会的人間は解放されないのである。

さらに、人の行為は、一時的に終わるものではない。具体的人間の解放とは、一時的な解放と、志向する解放の2通りがあるのだ、ということ。そして一時的な解放は文字通り、一時的な行為の消費に過ぎない、ということである。この志向する解放の方途がない状態、あるいはそれが必要でない状態が、「日常」である。

彼の環境からの離脱も彼の持続的な行為によらなければ変更されない。児童期を過ぎた人間はこの事実を誰もが知っており、その環境的将来の構築過程を事実認知上で「反省」と呼ぶ。この事情により、自分の行為の将来が自分にとって新しい環境を得るものでなければ、自分の反省の中での自由を得ることはできない。

ここで環境に関する真理、「社会システムの鉄鎖」という真理は、行為者にとってはただの「認識」に過ぎない。行為者はその鉄鎖を「自由に」打ち破ることができる。

ただし、将来への起動力の誤った行為は、たとえば「賞賛」という一時的な解放を得ることはできるが、結局、自由な自己の環境を手に入れることはできない。

他方、自己の環境を入手しうるはずの行為も、賞賛なしには疎外で構築された檻である。それは個人にとって知りうることか否か、という次元の問題ではなく、普通の人間のノーマルな行為の性質である。

人は賞賛と優越によって死んでゆく。ところで賞賛と優越とは言葉によって伝えられる。しかして、人は言辞において死んでゆくのである。

もちろんこの賞賛を2通り3通りの方角から入手しようとする人間はいるだろう。その人間は2枚舌、3枚舌の人間と呼ばれはするが、この結果、この下位体系の次元においてもイデオロギーは個人を離れた形で論議しなければならなくなる。

ただしかし、それゆえにこそ、将来の事実認知が決定的ともなる。生理的自由のない間の将来認知では、彼の自由は動きはしない。ある道筋にそこに賞賛があろうとも、それは豊かな生の取得の放棄と引き換えの賞賛である（注）。

（注）　こうした例については、封建体制下の農民の行動を見ればよい。
たとえば、安丸良夫『日本の近代化と民衆思想』平凡社、１９９９。

3　行為共同性の生成

（1）権力下に生ずる状況

人間の遊びのような権力者の行動はおいて、人間を縛るものが行為共同性である。

行為共同性自体には権力が現象してはいないのであるが、行為共同性の存在自体が被権力的状況であることは過去の著作で述べたとおりである。

この行為共同性は、規定性の結果の「現象態」であるから、それ自体の論理によって歴史的に進化するものではない。

たとえば上記の端的な現象は、明治期以降の豊かな華族社会と政治家社会の対比ともなり、あるいは、「令和」時代のコミュニティ建設者と社長社会の対比ともなりうる。もっとも社長社会の状況は、前者の人間たちには知られないではあろうが（注）。

そもそも、カネ中毒の近代人同様、「与えられた」権力の大きさは「価値」を生む。すなわち社会的な賞賛と優越である。これは子供の権力表出ゲームとなる。

しかしこの行為共同性に侵食されて、権力者による表出ゲームの権力がそがれ、当事者以外には「面白くなくなって」ゆく。すなわち社会的価値が消える。端的に言えば、確保された消費物と豊かな仲間社会者にとって、権力志向者はただのバカである。つまり、行為共同性は、その日本語の意味のまま、規定性に変わるのである。

人間にとっての意味は、1ランクも2ランクもさかのぼった時点にあるのではない。そこに、ここに、今迫りくる環境の意味を持って行為の規定性と現象するのである。

（注）行為共同性は、「共同体」に存するものではない。その構成員それぞれに存するものである。支配社会においては、イエとしての行為共同性は機能しない。現代家族から見る目では、家計にはすべて行為共同性がありそうだが、それは違う。
支配社会の多くの家計はイエである。つまり、経営体である。そこの嫁と頭領が同じ行為論的将来を持っている、というのはその発想自体おかしい。一般論として、家計の権力者は、同じ生産共同体の集約としての権力に、賞賛と優越を見出す。生産共同体が支配権力に支配されている間は、生産共同体の主張は、支配権力者と遇される人間の賞賛と優越を使用する。

イエにおいては、一般論で、児童はすべての権力者について、賞賛と優越を引き継いで彼らの賞賛と優越として主張したい。ただし、母親については彼女が自分以外には権力を持っていなくとも、優先であると考えるのが妥当である。

（２）行為の変遷と道徳

児童期の人の道徳は、常に、あるいはほとんどは、年上的肉体力を持つ人々の権力の支えによって成立する。とりわけ肉体力の薄い女にとってはその比率が高いのが理屈である。考え方の順序の当初には、これが「社会道徳」となる。もっともこれは「社会道徳」に限らず、すべての「正義」について現象する規定性である。

裸の「弱き者」は文字通り弱く、かといって、弱き者の寄る辺は、その社会、あるいはその社会を包含する社会、の権力である。

もちろんこの社会道徳を支える権力については、個人の（男の）肉体権力者は歯向かいうるであろうが、そのとき社会道徳主唱者は、常に社会全体（に近く）の肉体権力を味方にしうるのである。彼らは、前提上、権力を持っているからである。

とはいえ、あざなえる縄、強い者を味方にしたはずの「弱き者」は、このときに体制のとらわれ者になる。言い換えれば社会秩序の「強力な」当事者となる。

この社会秩序は、弱き者には都合の悪い社会行動を指示する。弱き者にとっては、事実認識の矛盾の突き付けである。

具体的本人にとって事実認知の真偽は、権力の、賞賛と優越の、そして自分の信条の変更の混乱の敗北の問いかけである。このとき行為共同性認識の変換が起こり、価値認識の変換が起こるわけだが、それと同時に視座の変換が起こる。それまでの共同性から引きはがされる。ここに左翼論壇で既知であるように社会矛盾の自覚が生ずる。つまりそれまでの与えられた賞賛も優越も揺り動かされて、自らの賞賛と優越として作成し直される。ここに（小ブル的）変革主体が生ずるのである。

他方、引きはがされない視座の変更もありうる。もともとその萌芽を持っていた対抗的認識が強化される場合である。新たな共同性の認識の下に賞賛も優越も強化され、変革主体が生ずる。これがプロレタリア的階級主体となりうる。

この分かれ道は、自己がその中で生活していると聞く共同社会と自己の行為共同性の分裂、わかりやすく言えば、自分の社会的役割の分裂である。

つまり、もともと行為共同性というのは、個人個人のお互いに対して持つ幻想であって観念上の問題に過ぎないのだが、ここで無理やり一緒だとされていたものが、その内部に矛盾を抱え込んでいて、この矛盾が自分の将来に生ずるはずの出来事の一致を妨げていることも知れるのである。こうして、矛盾を保持する集合性ごとに、止揚された新しい将来が生ずる。

これは当然のことであり、システム論レベルではシンプルに知れ、淡々と述べられるところだが、具体的個人にすると、かように心理的叙述となるのである。

しかして具体的人間の問題は、自己の生活に生じた自分の「価値観」と「マスト」として突きつけられる状況との矛盾についての事実認知の供給が、今この場所現在でいかになされるか、ということである。システム論次元では淡々と叙述されるところが、具体的人間では、権力からの脅しを含んだ流布、説伏。あるいはマスコミ的宣伝、あるいはマスコミによる意図せざる流布、等が問題となるのである。

（3）賞賛の帰属とイデオロギー

感性の確保が超自我にまで達していない、いわば一般の人間は、賞賛及び優越の根拠が不分明である（注）。人は社会の中で平凡に日常を暮らすことで、会ったこともない人間を含む社会全般から賞賛を受ける気になる。

イデオロギー＝社会常識の事実認知は、人の賞賛の主体について、特定の個人、特定のセクト、さらに同一の行為共同性を持つはずの集合性をセットするのである。このセットにより、それ以前のプリミティブな賞賛と優越の根拠が消える。ここに「先生」「宗派」その他の彼の帰属内容が現象するのである。いわば、先祖がえりである。

（注）超自我は、人間行為者が生理的条件の確保をされている場合に、賞賛と優越に基づいて、自己の内部に構築するものである。これは第１に、生理性の確保を条件とし、第２に、多くは家庭内での、教育権力の存在を前提とする。
自己の生理性の確保が庇護者によってなされず、自己の行為的努力によってはじめて成就する場合、あるいは権力を露わにした行動教育が幼少の身にかからない場合は、賞賛と優越による超自我の形成はなされず、自己において「行為的自我」が作られることになるのである。

ただし、この努力は、生産共同体においては共同体的規範（道徳）に基づいて行われるから、共同体的道徳は体現されるのである。

4　行為共同性と疎外——類的疎外

（1）行為主体の事実認知

行為主体は、主観的に、データベースとなる事実認知と、それを使って現在の主観的位置を確かめる進行形の現在認知と、その現在の位置から行動するために事実認知のデータを自らで構成し将来を見通し行為を決定する際の結論的将来認知とを持っている。
「こんなことが起きた、これが現実だ」という認識に対して、
では今現在の配置はどうかという探求の結果と、
「よしわかった、次はおれはこうしてやるぞ」という順序を持つ認識のことである。
前段は、既にデータと化していると便宜的に捉えうるセットであり（現実のポテンシャルは後年神経心理学が明らかにするであろう）、
中段は、自由な心の中で認知した環境データから自己の位置を考える思考内容であり、
後段セットというのは、意識的に考えた結果ではなく、これを思考すれば種々の思いが交錯する認知から無意識のうちにセットされた構え、という意味である。データを、それを自分の、多くは賞賛と優越、時には生理性に組み込んだ認識のセットである。

（2）将来認知

これを思考すれば種々の思いが交錯する認知から、ただの「理論値」が、現実の人的配置のなかで現実化するホルモン分泌を持ったとき、その理論は「将来認知」としての資格を得る。この認知によって逆説的に、理論値は腰を安全地帯にまで引いた敵対者によって空語と呼ばれる。

たとえば、係長Aが課長に昇進して、これから、「家庭も顧みず上司に仕えていこうか、それとも毎日9時には家に帰ると部長に宣言しておこうか」、というときに頭をめぐる「将来」のうち、自分が引き立てられ部長になったときの周囲に対する得意さ、部長給料の豊富さによる喜びが体をめぐれば、その可能性は部長に身を捧げた場合の「将来認知」となる。そんなAに対し、職場組合員は、蔭口として「いったい何を信じてるんだ、馬鹿じゃねえか」と陰口を叩く。

（3）現在認知

この現在認知は、行為にかかわらないが、論理段階の秘密である。将来認知では、行為志向性内の賞賛に沿って将来を目指す。しかしその行為共同性の範囲、つまり彼の仲間を決めるのは、その手前の現在認知なのである。あるいはもちろん、誰が敵かというところで、憎き50年来の敵だと思い出す過程がそれである。すなわち、身体的反応が構成される。そしてその次の瞬間に行為が生まれるのである。

本来、具体的人間への対応からは具体的人間の解放には至らない。具体的人間は、彼の意志的な志向によってではなく、彼を取り巻く環境によって拘束されているからである。では具体的人間は解放されないではないか、といえば、もちろんそんな結論になる。

社会システムの次元では社会システムの崩壊から具体的人間が解放される。「だから」具体的人間においても彼の解放の行為が存在し、その行為が遂行されなければならないのである。つまり、「当該行為は、それが正解であっても、当該具体的人間を『その場で』解放するわけではない」ということである。

(4) 具体的行為者の解放の行為と類的疎外

ここで、生理性、賞賛と優越は行為者の自覚的行為の目標であるから、学者が研究してわざわざ記すまでもない。行為者が登場人物として自分の好きになるように目指して行為すればよいのである。

この場合、生産物の収奪という行為からの疎外は、いわば誰にでもわかる。人は自己の行為の成就を、経済的利害の獲得に向けた将来認知により、生産手段の再取得に向けて行為をするだろう。

ところで問題は類的疎外からの解放である。これは行為者にとっては目標物がない行為であることにより、人間にとって最難度の行為であり、かつ最高度に高貴な行為となる。

哺乳類の赤子をみればよい。

彼らは常に他者を志向している。これをもって人は類的存在と呼ぶのだろう。しかし、人間にそんな本質があるかどうかということは別の話である。我々の論理には、我々の現在に社会的存在を志向する傾向性があるということだけでよい。あるいはそれ以上は論理をゆがめる雑音である（もちろん「ヘーゲルの後継者マルクス」という文脈ではそうした理解で正しいのであろうが、そんなことはどうでもよい)。

そもそも類的行為の完成は労働からは生まれない。行為から生まれるのである。およそ労働を美化して疎外からの脱却を唱える者は、70年代的評論家といえる。労働の対価は労働生産物なのである。「いやほかにもある、協働の喜びだ」とか言う評論もあろう。しかし、協働は労働に共同行為が追加されたものであって、労働そのものではない。労働はその生産物を(誰かが)入手する行為である。その評価の論理的帰結は、生産物物神である。

餃子を作るのは餃子を入手するためであって、「餃子を家じゅうで作る」ことは、「餃子を作る」事態と「家じゅうで何かをする」事態の合作である。すなわちこの、将来の共有あるいは「互いに同様である事態」の認知こそ、類的疎外からの脱却地点なのである。

これを阻害するものは、普遍化すれば、主体的には、機械化でも官僚制でもない。道具的志向である。つまり、人であれ自然物であれ、モノとして自分の役に立てばそれでいいという志向とそれに基づく関係である。

行為主体における道具的志向は、外界物を自己と同体化しようという構えを疎外し、他者にとっては他者自身による「同様態」の認知を妨げ、この類的関係を否定するのである。

もちろんこの事態の根拠はといえば、客観的には基底的に支配システムに基づき、媒介的には商品化による事態である。このとき商品化問題は媒介事項である。あるいは媒介事項に過ぎない。権力社会であれば商品化がなくとも類的感性は疎外される。

一方、商品社会であっても十分な行為共同性内にあっては、類的感性は疎外されない。商品関係内にあってはたしかに疎外されるが、商品関係から外れた関係にあっては疎外されないのである。それが資本主義の人間行為者へのメリットでもある。

たとえば、写真機がステイタスであり、写真撮影が人民の賞賛を得ることが可能な時代と社会にあっては、趣味で行う写真撮影活動とそのコミュニケーション作業が、容易に行為の同体性を生む。ここで同体の対象は、撮影対象と批評者と撮影者のトライアングルである。

（参考：土門拳『写真作法』、ダヴィッド社、１９７６）

同様に、俳句同人を含めることもできるかもしれない。写実対象と批評者と作者のトライアングルである。

自然物をめぐって類的感性を行為するためには、その自然物と行為主体の過去の記憶にすでに密着構築された記憶を持っている場合を除き、自然物を仲間に引き込むための客体行為者が必要なのである。行為主体は客体行為者の賞賛あるいはその客体が持つ権力をを媒介とし、自然物との関係を満足的に実感するのである。

したがって、類的疎外は、この客体行為者の存在を前提とする。

類的疎外は、他者の生理的、賞賛・優越的、そして自己権力の存在が確保された時に、行為者相互の間で回復する事態なのである。生産も交換も、他有化も我有化も、一切関係はない。

第４節　社会的正当性の獲得浸透

１　社会的正当性の存在意義

事実認知は、権力と、また賞賛と組み合わされ、それらに実体を与える。政府は国民の代表からできていて国民を守ることになっている。もちろん政府構成員が賞賛を受けるわけではないが、ほとんどの人間が、政府構成員のいうことをありがたく拝聴し、平民は彼らに面会することもできない。「それが当然なので」ある。ここに賞賛と優越が集約されているわけだ。

したがって、事実認知を掌握することが、権力を、あるいは権力に力を与える賞賛を、握ることとなる。権力好きの政治評論家が好んで使う「正当性」である（注）。実は政府構成員の発言などマッチポンプの結果に過ぎない、と思う人間がいても、それを人民に広く言い伝えることは、平穏な世の中ではできない。

賞賛と優越は、「正義」として、言葉によって集約される。あるいは観念として集約される。さらにいえば、自己権力であれ、行為共同性であれ、これを実現するものは観念の集積である。

具体的本人にとっては、自分が保持する事実認知の虚偽の通告は、権力の、賞賛と優越の、そして自分の信条の混乱の問いかけであり、ひいては、それらを保持する自己の敗北へとつながる事項である。

（注）ここでいう「正当性」とは、政治評論家と同じ現象を指してはいるが、政治評論家が言い募る「ある出来事に正当性（正統性。正義。いずれにせよ同じ）があるか」どうかという意味を持つものではない。「正当性」という言葉が指す現象とは、ある出来事について、多数の支持者の存在により（その肉体的武力をおもんぱかり）従わざるを得ない状況のことをいう。政治評論家の仕事は、そのときの状況構成員の「言質」を机上で分類したに過ぎない。
ところでこれを個人としての具体的人間についてみれば、正当性とは、社会学的に現象的には、その瞬間で確定している社会の共通の価値に、その行為がもたらす状況がどれだけフィットしているか、ということを指す。

しかしてこれを行為論的に翻訳していえば、ある権力の行使規準とこれを認める賞賛と優越が、だから価値が、当時の社会においてどれだけ有効か、という争いのことである。

ここに3つの変数が生まれている。権力の行使規準と、これを認める人々の賞賛と優越、さらにこれらが動いている社会の状況である。

この3点について、ある個人の観念において、言語的に整序された支配状態として把握される。その言語的整序が「賞賛と優越」を表す表象として、社会構成員の間を簡便に渡り歩くのである。

なお、「正当性（正統性。正義。いずれにせよ同じ）」と記した点について知りたい向きには、たとえば左記の諸書を参照。

J・M・クワコウ『政治的正当性とは何か』田中治男他訳、藤原書店、２０００。

新田義弘他編『岩波講座現代思想16　権力と正統性』岩波書店、１９９５。

寺崎峻輔他編『正義論の諸相』法律文化社、１９８９。

2　社会的正当性とイデオロギー

（1）他者への発現と正当性

イデオロギーとは、実際上、社会事象への説明のことである。人は「価値観とか価値意識を含んだ」と修飾語句をつけたがるであろうが、不要である。イデオロギーとは説明のことである。説明は必ず、価値的基礎を含むのである。

およそ他者に同調を要求するときには、他者にとってのその行動の意義を伝えなければならない。人は他者が発した意味のない言葉を解しない。あるいは、それよりも先に、人は意味のない言葉を発しない。人は人にその言葉の意義を認めてもらうため、自分が解した意味を込めて言葉を発する。つまり、自分の価値観と価値意識を込め、かつ他者の価値観と価値意識を考慮してなされる。

実は自然科学上の説明も同様なのだが（注）、そこまで議論するスペースがないので、あえて「社会事象の」と限定しておく。つまり、その論理提示は社会事象ではなく論理内部の問題なのでイデオロギーではないのだが、その論理を提示するこの文章の表明がイデオロギーなのである。この場合、真理第一という筆者の価値観と、これまでの論者をあえて否定しようとする筆者の価値意識である。

もちろん人の発言は説明に限らず同様にこの過程を有する。「おい、そいつ汚いから触るな」といった小学5年生の心理を、読者におかれましてはどうぞ推察されたい。

問題は、この説明の過程においては、「論理」という、価値観と価値意識ににかかわらない過程が入る、ということである。資本主義社会においてはそうした「中立的な」作業は、神の言葉に対抗しうるものとして培われてきた。かくて、論理の衣服をまとえば、「そいつ汚いから」という醜い感情もスルー出来るのである。

もちろん上記1行は筆者の価値観であり、これをこの場に埋めるのは筆者の価値意識である。

（注）「引力の説明のどこがイデオロギーなのだ」と言われるだろうが、引力の立言それ自体は別として（これはすべての種類の法則的立言と同じである）、引力を他者に伝えるための彼の説明は必ず価値意識が伴う。もちろん要求は集合的になるにしたがって抽象化されることもある。自由とは、個々の場合によって異なる、なけなしの生産物を収奪させないための集合的な言である。平等とは、明日の飯に心配しないために、個々の場合によって異なる、生産手段（畑や牧場等）をほんのわずか支配者から分けて（返して）いただく標語である。すべての標語は、その物質的内実をもって成立しているのである。

（2）事実と状況

衒学的なそれは別として、解放理論において人間行動を分析する際にキーとなる事実認知の意義の局面とは、その認知が形成するイメージが、どれだけ、あるいはどのように、行為主体のイメージを解放に向かわせるか、ということである。

事実認知がかかわるそのほかの諸様相ではなく、次の行為にかかわる、そのイメージ形成化力である。

つまり「真実」は、状況の中を通って初めて「事実」となる。

もちろん状況に拒否をされたならばその「真実」は、「使えない一つの情報」となるに過ぎない。状況とは、行為者の行為の原理・原則との照合のことである。

ここで言った通り、真実は状況にひれ伏す。

と同時にここで言ったことは、虚偽も状況の中で事実となるということでもある。

（３）イデオロギーの姿をした事実認知

ここでは正しい定式化をしておく。

イデオロギーにはそれ自体の運動形態がある。すなわち、当該イデオロギーが所属する陣営の権力に奉仕する方向で変態する。

もちろんイデオロギーを担うのは個人だから、「その政治陣営内の個人がイデオロギーを進展させる」といっても誤りではないのだが、ただ、それが現象論なのである。

それは個人が思想に則って語り出すものではなく、個人が環境の、行為論的要請に則って、しゃべり出すものなのである。だからそれは政治陣営内の誰がしゃべってもよい。個人行為者の問題ではないのである。

しかも、口に出すのは早い者勝ちである。しかして恥も外聞も関知しないパーソナリティの者がそれを受け持つ。

もちろん広範にみられるのは権力陣営の広範さから、とりわけ右翼対象なのではあるが、左翼でも同じことである。なぜか。行為論的立言だからである。左右で違うのは、個人行為者が活用する環境要因だけなのである。

この基本性質が、イデオロギーが奉仕している集合性の危機の大きさに応じて、増大する。元に戻って、イデオロギーは自己への肉体力の集約を求めて、その言辞を広げよう、易しく説こう、という性向を呈する。

ただその費やす努力には残念ながら、この勝利を決めるものはイデオロギーの価値ではなく、行為者がそう動いた瞬間に見せつけられる未来の、生理性と行為共同性における賞賛と優越なのである。

もちろんある場合において支配権力も大衆の肉体力を取り込まざるを得ないときは、この強化の際に、その時点で大衆の持つ賞賛と優越を自己の支配イデオロギーに取り込む。例えば反体制思想に対抗するため共同体観念を強調したファシズム期である。

とりわけ、権力のない弱小政党が他者に影響を与えるためには、政権支配者に対抗する権力（＝一般に日本共産党）を敵とする立ち位置を明確にし、政権支配者のエートスを、つまり賞賛と優越を、自己のものとしなければならない。

（4）賞賛と優越が行為に与える性質

賞賛と優越は、第1に、周囲の評判として、（言語）情報を通して現象する。これはわかりやすい話で、メディアの問題として常に云々されている。

しかし、第2は、「権力ある者のマネ」として現象する。権力者は、端的な姿では、明らかな情報体である。ここでマネとは同一の行為をなすことではなく、「権力ある者ならこうするだろう」と想定される行動を指す。この権力はそれぞれである。評論家混じりの学者にとっては、教授やその教授に取り入っている先輩同僚である。会社・役所であれば、上役やその上役に取り入っている先輩同僚である。学校生徒であれば人気のある生徒、あるいは外れものであれば力の強い生徒、それに彼らに取り入る周りの子どもたちである。

さて、端的な姿といったが、端的でない場合が重要である。たとえば、ネット右翼と呼ばれる人々の問題である。ネット右翼は首相その他の権力者のマネをする場合が多いが、これは実は端的ではない。首相がネット右翼的言動をする場合にのみ、権力者のマネをする。ネット右翼は彼ら自身で首相になれるわけではない。このため、権力に限定が入るのである。そしてこの事象はネット右翼に限らず多くの例を持つ一方、「端的」でないため、評論家の認識を素通りする。このため、もう一段具体化する必要がある。ここで登場人物は、ネット右翼本人と、権力者の行為である。さらに具体化すれば、ネット右翼本人を規定する個人的状況と、権力者を規定する政治的状況＝権力的状況である。

3　社会的正当性の「事実性」

人間行為者の「事実認知」概念は、「事実情報」あるいは「事実知識」とは異なる。行為者が「事実として認知する」とは行為者を取り巻く環境の現実を、現にあるものとして認知する、ということである。すなわちその本体は言語情報でも文字情報でもなく、それらの情報の「行為者内でのセット」であり、端的に違いを述べれば、情報によって喚起された神経・ホルモン組織のセットのことである。

その元々となった「情報」や知識がどこからでてきたか、は、さしあたり問題ではない。どこから来た知識であろうと、それは無規定的な「ナマの」社会過程での相互作用によって自己のものとなるのではなく、自己へ向かう可能性を持つ外部の権力と自己の消費の都合とによって再構成された神経・ホルモン組織のセットなのである。

(1) 言葉の主体性

思想はすべて、原イデオロギーではなく、その論の行為主体の解釈による(注)。

言語の受け手にとって、結論、思想の解釈主体が被伝達者だから、主体は行為構成主体となる。他方、すべて、言葉というものは、発声の時点においては原理ではなく、被伝達者の解釈でもなく、表現した人間の意図に基づく。そこが具体的行為者の次元というものであり、社会構成主義者の至らない地点なのだ。

どこが違うかというと、この議論の中では個人は個人の要因を全部受け持つから、社会は社会システムとして安心して人間への規定因を保持できる。一方での個人は何でもできる具体的行為者の姿を崩すことがない。

この扱いにより、個人と社会の２項対立の構図を崩さないまま個人行為者を確立させる、ということである。社会が個人の相互行為の結果という視点からは資本主義社会に行きつくはずもない。行きつかなければ社会科学などできはしない、ということである。

２項対立にこだわるのは、２項対立の構図からでなければ、多くの人間の頭脳では因果連関立言を理解することは困難だからである。もっともこれを非難する人々には、そもそも因果連関の法則の追求など無用なのであるが。

元へ戻って、具体的人間の次元では、もとより言葉というものは主観的なものである。ある行為主体が自己の存在のなかで解釈したものに過ぎない。

といっても言葉自体はある特定の集団ないし集合体の間で、特有の共通した意味を帯びることもある。これを「共同性」とか呼ぶものもいる。

あるいは、いちいち権力者に訂正されつつある意味に限定して使われることもある。これは「規範的」とか呼ばれる。

こうした社会的状況は、しかし、行為者の状況解釈の中で、言語の意味として現実化するのであって、言葉が主観的な解釈による、という原理を脅かすものではない。

ある行為主体に事実認知された伝達意味を持ったある言葉は、それを行為主体が使用することによって行為主体独自のニュアンスを持った言葉となる。

その使用、つまり主体的関心による解釈的位置づけにより、まず、言葉の意味は決まるのである。

それ以降で、自己の用法が自己の意思と異なった結果をもたらしていることに気づいたとき、その意味は修正される。が、その主体解釈という原理に変更が及ぶわけではない。たとえば「階級」なる語はすべての人間に同じ意味を持たせない。労働者は階級だろうか？　そんなことは階級という言葉を使いたがる人間の独断的決定に過ぎない。その使いたがる者の権力の大きさに従って、その決定が「規範」だとかと呼ばれるに過ぎない。

さてしかしもちろん、日本の社会学者Aにとって、「女は階級か」という問いは、日本女性６５００万人の意識を問うているわけではない。労働者が資本主義社会で集合体として演ずる位置を女も演じうるか、と聞いているに過ぎない。言葉とは、発声の時点においては、表現した人間の意図に基づく（文法の意義も同様である。原理を表し得た文法が、どの社会的状況において正しいというわけではない）。しかし、こと具体的人間を扱う下位体系論にあっては、この具体的行為者を離れた議論を行うことは無意味なのである。

一方、その結果が「階級」と同様であるかどうか、といった議論、と同等な論議は、なければならないのも確かではある。

（注）時枝誠記『國語學原論 続編』岩波書店、１９５５。
時枝によれば、「第三者の言語行為については、一旦これを観察者の経験として再構成することが必要である」。14ページ。そもそも、伝達の成立は「聞手の出生、環境、教養、経験の如何に支配」され、「甲によって表現される思想と、乙によって理解される思想とが、全然、斉しくなることがありえない」のである。36ページ。

（２）生産関係による社会的正当性

社会システムの次元においては、解放のイデオロギーとは、自己に適合する評価体系の取得である。評価体系とは賞賛と優越について、第三者の神的視点から、わかりやすく翻訳しただけの言葉である。

この評価体系は、農業共同体しか生きる道のない世界においては、農業共同体のものである。ある自由を求める人間はこれに歯向かうことはできない。

しかし、商品世界の発生は、商品世界に生きる道を人民に悟らせる。この商品世界の評価体系の存在は、その体系内の行為論上の自由に人民を触れさせることで、農業共同体内にいる人間にとっても、自由のありかを知らせるのである。

それはたしかに「本当の自由」であるはずもないが、しかし、彼個人の行為の成果を自分で受け取るそのことの「許可」を人民に教え、それに伴う直接の賞賛と優越を、商品世界から移動した自己の心中において、得るのである。

４　社会的正当性の浸透

（１）正当性の拡張

社会のある局面において承認された正当性は、その他の局面で抑圧にさらされている人間にとって、拡張が期待される対象となる。老人に適用された補助制度は、若年障害者にも適用されることが期待される。ここに必要なものは、「拡張が可能」と上層者に思わせるなんらかの権力と、それとは別に、伝播が可能な普遍性を持つようにまとめられた言説である。

ここでポイントは、権力の拡張可能性である。適切なイデオロギーなどいくらでも作れる。しかし、権力には、その時代において、拡張の条件があるのである。

拡張は、自由な行動をとれる人間と、これを機に抑圧に歯向かう人間とで担われる。前者については、拡張者の第三者たる立場の確保――評論的ないし同伴者的立場の確保が、後者については、それとともに抑圧に打撃を与えうる攻撃性が、それぞれ条件となる。

この条件において、老人と障害者が同一であるという認識的イデオロギーが登場する。このイデオロギーは登場するだけでなく、広まらなくてはならない。

多くの読者の方は脳内に疑問符が飛ぶかと思われるが、それは認識不足である。老人とは権力者の成れの果ての老人であり、障害者は生まれたときから障害者と言われ続けた人たちである。これが戦後の障害者福祉の経緯である。

ここで必要なのが「人間」概念、すなわち、権力者と同じ社会上の権利が、支配権力によって確保されている状態の普遍化である。つまり、制度上で確定された平等である。

もちろん、「その社会の人間」になれたらそうした主導権争いは行われない。無意味だからである。その代わりに「合理性」争いが取って代わる。今度は、旧来の支配者が作った制度で動いている現在を人質にして、自己の主張行為の「正当性」を主張するのである。

（２）資本主義における広報制度

支配者は、常に被支配者に対する「広報制度」を持つ。「広報制度」とは、その声が載れば人々が聞き読む媒体管理制度である。すなわち、権力と、すなわち賞賛と優越でできている制度である（注1）。

これは「井戸端会議」の世界と同様、人間の行為の原則である。人は自分の一瞬先の未来が自己に有利になるために情報を集める。

「広報制度」が人民の日常行為に取り込むことができればできるだけ、行為の原則に近くなる。人民は、お上の言いなりになっているのではなく、権力の中を、自己の未来に向かって、合理的に盲進しているのである。

この事情は「下位体系」の内部においては、当然にも、下層構成員の事情をくまない。ただ下位体系内部での「ささやかな解放」を志向する構成員にとってのみ「パラレルな」事情となる。企業経営者の権力は、それだけをとれば、その体系内で最高位であり、そのイデオロギーは、中間管理職にとって十分おべんちゃらの対象である。

この事情により下位体系は、体系構成者の主観性、あるいは主体性の名において、「体系」の名をもつのである（注2）。

（注1）　メディアの現実様態については、左記書が、明治期に限らず、よくまとめて述べている。
加藤秀俊・前田愛『明治メディア考』河出書房新社、２００８。
（注2）　例を挙げれば政府が干渉しない（江戸期）企業的生産共同性であり、この例示は、たとえば、斉藤修

『商家の世界・裏店の世界』リブロポート、1987に取りまとめられている。

（3）評価装置としてのマスコミ

マスコミは賞賛と優越に係るものではあるが、事実認知という回路を通ることが行為者に知れている。それは資本主義社会にあっては、行為者の日常である。

他方、現代権力機構にとって、マスコミは、権力機構に欠かせない歴史的に変遷する自己の広報制度である一方、武力を隠した資本主義社会にあっては自己の評価装置でもある。

これは、民衆という権力の中に常に身を置くことによって、民衆の肉体力を身に着けた賞賛と優越の供給物である。マスコミ者にとって、民衆はその生理性と賞賛と優越を供給するものであるが、他方、権力者も、自己の、賞賛と優越を支える条件でもある。

（4）行為共同性と認知

例を挙げればテレビ普及による女性解放力である。その現実としては、都市下の日常で自由に他人が生きている世界を農村に届けたのである（注）。

（注）早坂暁によれば、70年までのテレビは、戦後の規範解放期に育った根無し草の若い人々が寄ってたかって作り出した番組群であると。

それは自由な世界だったろうし、そもそも人間の自由の確保に必要なのは、イデオロギーではなく、「自己権力」。自分にも力があるようだ、という認識。他者が見せる自由は、自己の内にある自由を引き出すのである。

早坂暁『テレビがやって来た！』日本放送出版協会、2000。

まず大前提は、生産力の増大による産業化と、これによる農業労働・家事労働の省力化である。家事労働の省力化とは、まず第一は水道の普及であり、ガスエネルギー供給であるが。
・テレビは無料だという要因は、無料の理由、資本主義的商品販売に基づく。そこでは住所性別にかかわらず、同じ消費者である。
・この提供自由に基づき、需要主体も同一の扱いを受ける。ここでは女も子どもも親方も子方も全員が平等である。
・先進資本主義国における自由の浸透。
1960年2月の電通調査によれば、テレビ人気番組ベスト30のうち10はアメリカ製番組である。同書163ページ。

なお、時代、地域、媒体の変容で変わる事象について、おしなべて一般論を叙述することにどんな意味があるのか不明であるが、少し前のアメリカ等の状況について必要であれば、左記を参照。

田崎篤郎「マス・コミュニケーションの受け手」『現代マス・コミュニケーション論』所収、竹内・児島編、有斐閣、1982。

（5）環境についての実感と利害の個別秤量との差

人は、利害について、これを正当化する理屈、あるいは事実情報があれば、それに乗る。しかし、乗るからといってこれを信ずるわけではない。この情報は、敵対勢力とのイデオロギー闘争に用いる。

およそ状況は、脳細胞が作り出したものである。イデオロギー闘争とは、この観念による状況という性質を無意識に利用して、思考によって成立する観念状況を大道具として、架空の状況を確立せんとする努力なのである。

イデオロギー闘争の手段とは、かように、かりそめの外見によって、自己の状況を構築するものである。

ところで、今は実感の問題である。実感とは何か。それは観念による状況ではなく、事実認知による主体的環境把握である。

理論上、対手の将来認識を壊すことで対手を弱らせてもよいのだが、実際問題では闘争間の当事者はそれぞれに適当なことをしゃべっているのであり、直接に将来観を変えられるほど高級の論議になることはない。しかもなったとしてもそこに生ずる事態としては「思っていないことを言われてびっくりする」くらいのものである。

さてではその勝敗はどこで決まるか。ちなみに、イデオロギー闘争、あるいは理論闘争の目的、あるいは勝敗の土俵とは、賞賛と優越のうち、対手の賞賛の源泉を叩くことで、対手より優越する、という社会交渉である。たとえば亭主の職務上のボスのゴシップをさらけ出す、といったレベルのことである。あるいは、これこそが優位と思っている教義に、反対の事実を突きつけるといったこともあろうが、それは理論的勝利ではなく、敵対構成員へのダメージ操作である。行為共同性を同じくする者の間のマウント取りの方策と言ってもいい。

（6）正当性の付与と剝奪

何種類もある身分について、その身分の一部でも、或る社会の「人間」とするには、分与された権力の掌握が必要である。支配者から直接認められなくともよいが、その一部の社会構成素に分与した権力を、その一部と同様の、その「身分」も入手しなければならない。経営者にとっても支配者にとっても、農村から自由を求めてやってきた生産能力を発揮しない流浪者は、ルンペンと同様である。が、彼らがいったん経営者の仲間となれば、その「職員」は資本家の仲間であり、それと同様に、支配層にとっても立派な「国民」である。そして、この事実認知を得た流浪者一般にとっては、「私はたまたま職のないだけの国民」であり、それは確かに経営者にとってもそうである。資本家にとってそうである社会的カテゴリーは、支配者の存在基盤である資本主義にとっても「国民」であり、そのように扱われる。

他方、すでにある正当性を剝奪するには、それ以上の権力がいる。

当該権力者について正当でないというために必要なものは論理ではない。その主張者にそれ以上の武力があるか、あるいはその主張者が武力の届かないところへ囲い込まれている状況が必要なのである。ここでもちろん、武力からの逃避は、歴史的にレールが敷かれている過程内の一時的な避難を除いて、とてもおぼつかない方策である。支配者には、拘禁なり暗殺なりという手立てがあるからである。この正攻法の条件の創出には、相対的に強い武力の創出、つまり権力者層の分裂、対抗権力の創出が効果的である。

5　社会的正当性にかかわらない事実認知

（1）イデオロギーと権力体系

それぞれが他者の肉体力を動員したい権力体系と別の権力体系の間のやりとりは、イデオロギー的教唆の手段の供給となる。同レベルの権力体系にあっては、イデオロギー闘争、上下の権力体系にあっては、下位の権力体系に通じる価値規範を持ってのイデオロギー宣伝である。

この時、上位権力と下位権力について、利益の齟齬があればそれはイデオロギー闘争となるが、このイデオロギー的戦いは、上位権力の統合性を表に出せば、簡単に上位権力の勝利となる。それは「理論内部の当然さ」によるのではなく、それが「イデオロギー闘争」なのである。イデオロギー闘争の本体は武力闘争だからである。「まっとうな人間」には信じられないことに、それ以外に勝敗のつきようがないのだ。「論破された」側は新しい理屈を立てるだけである。この場合のイデオロギー闘争の様態は、賞賛と優越にはかかわらない。賞賛と優越を醸出する権力体系が別個だからである。

同様に、この下位権力については、その部位が十分統合的でなければ、イデオロギー工作の手立てがない、ともいえる。もちろん十分統合的であれば勝利しうる。支配権力のふるえる武力とは結局、人間の肉体力だからである。

ここで、誤解が生ずるであろうが、たとえば「公共性がある」ことと「私的な地域エゴ」とはどちらが優位とか倫理的に正当だとかいう問題にはならない。両者は同等の価値意識である。そこには何かを人民にやらせたい支配者と、やられては困る人民の二つの立場があるだけである。イデオロギーはそれがなんであろうと、何度も言ったように、ただの説明であり、その内実は、どちらの論であれ、「言い訳」なのだ。そこで「正当性」として勝利を分けるのは、権力が持つ武力か、その時代に「個人強調」という正当性が大衆の肉体力をつかんでいるかの勝負である。

（2）信念による本人にとっての事実知識の流布

信念による本人にとっての事実知識の流布は、この信念配布によって、彼の超自我的満足での解放を導出する、ことがある。つまり、信念者による書籍販売、ＳＮＳ等での拡散などである。しかし、これは個人内部の事象にとどまる。

事実認知の恣意的な供給源は、学者、評論家、マスコミ者等の行為である。これらの行為は資本主義社会においては売れる売れないの商業行為であり、事実認知について将来行為者が期待できるとすれば、自己の知識的営為ほどである。たとえば筆者とこの本のようなものだ。これは「そういうことがある」という以上の意味をもたないであろうから、指摘するにとどめる。

こうした事実認知のみでは、事実が流布されないのである。頒布された事実は、賞賛と優越がセットされて初めて流布される。本書にしてもしかり、という事実が残念である。

第4章　二次的権力からの解放――差別

第1節　抑圧と差別

1　差別的抑圧の規定性

さて、抑圧の規定性は支配武力から生ずる。中でも支配武力が保持する生産関係から由来する。このため多くの抑圧の解消は、支配体制を変える必要がある。述べてきた支配権力へのルートの意義は、結局は支配体制の変更に寄与するかどうかで、判別されるのである。

ただし、ここで、必ずしもそれに当てはまるわけではない諸抑圧がある。ここまで支配権力が行為者に与える影響について述べてきたが、社会構成員にはもう一つの権力構造がある。女性差別、障害者差別、児童差別、すなわち差別である。

差別は支配権力が利用するものではあるが、支配権力の支配のために主体的に構築されたものではない。それはその他の諸権力が構築し、いわば二次的に支配構造化するのである。支配するためには複雑な志向は不要である。なぜ自分は権力があるのにそんな苦労をしなければならないのか？　しかし、支配権力者の生理的要求と、支配維持「秩序」のため、それ以前の構成要素、つまり生産関係とそこで作られ終わった文化要素とを再構成するのである。

その差別現象の発生は、肉体権力者の攻撃力と、攻撃の対象者の防御力との比較において決定される。支配権力は、本件の攻撃力と防衛力の双方にかかわりうるのである。

さて、この事象が面倒なのである。具体性の局面ではこの差別事象を見つけるのが比較的簡単である。少なくとも「相対他者による差別」ということは疑いがないので、この差別について、その「実体」なるものを実証することができる。この実証は、かえって、全体システム論ではできかねるのが全体システム論の本来的態度というものである。

しかし、全体システムでは実証できなくともその淵源が全体システムにあることは、マルクス主義がアカデミズム学会のイロハと為した偉大な成果である。ただ問題は、このときの権力平面は、支配権力までいったからといって、被差別者を助けることにはならないということである。差別は、人間一般の攻撃力と防御力の双方の要素によって成立しているからである。

2　支配構造と差別構造

ある社会問題は、その現象はわかっても、現象をいじって解決できるものではない。差別では具体的差別行動を行った行為者Aをなじることはできるが、それで「解決」されるわけではない。現象とは、そこにすでにセットされた環境を人間が通り抜ける際に生ずるものなのである。

それればかりではない。社会現象のほとんどは、複数の構成員の努力によって変わるといえるが、この「被差別者本人」への支援者も、理論上、環境の中を通っているだけなのである。差別問題の登場人物は、当該者の気持ちだけで論じられるものではないのだ。

もちろんポイントは、その環境を変えることにあるのであり、変えられるから複数の諸個人本人は連帯できる。これを理論の中に設定しなければならない。

さて、まず個人の自由を妨げるものは他者による支配行為と差別行為である。

しかし残念ながら、それは具体的行為ではあっても具体的環境ではない。

人間の自由を妨げるものは、具体的行為を必然化させる環境である。もちろんそんな環境がない社会であれば問題はそもそも社会科学では取り上げられない。

支配社会の社会科学で取り上げられるのは、それらの行為を具体化させる「支配構造」と「差別構造」である。

ここで2者を分けて書いたが、この2者の違いはなんであろうか。

支配構造とは、他者を自己の意志の通りに扱わせ得る可能性を持たせる源泉的環境である。

これに対して差別構造とは、支配の有無にかかわらず、他者を劣等として扱うことが社会によって承認される環境である。

差別行為と差別構造は異なる。

さらに面倒なことに、差別構造の維持に差別行為はかかわらないのである。

差別と支配構造との違いは、差別は関連社会の賞賛と優越に起因する点である（注1）。もちろん賞賛と優越自体、権力に由来するのであるが、この権力とは一般権力であり、それゆえ「古い」制度の残存等によっても成立し、他方、その解消は支配権力によってもなされる可能性も持つところが特徴なのである。

かくて、支配構造においては
１　支配権力
２　生産関係
３　生産共同体構造
４　生産共同体権力
５　家計構造
６　家計内権力
がポイントとなり、各「権力」について、権力の相剋（といっても論理設定上上位が勝つのであるが）が付属するのである。
ここで事実認知は賞賛とペアになって意義を持つ。

次いで、差別構造においては
まず生産関係の前提の下で、
１　各「権力」が分泌する賞賛と優越と
２　各「権力」が消えた後に残る「残余」の賞賛と優越、そして
３　賞賛と優越を操作すべく、事実認知が、生産関係の変化によって動き出したこの領域の過程の決定権を握る（注２）

（注1）黒人差別において、「肌が黒いから差別する―される」などというのは子どもじみた認識「論理」である。周囲が肌の黒いことをバカにしているからバカにする、バカにすれば周りが喜ぶから差別する、それだけのことである。肌の色など、その要素に過ぎない。すべては要素を組み込み終わっている「社会」にあるのである。
女性差別も同様の構制である。
（注2）本来、ジェンダー的社会構造と差別構造は異なる。ジェンダー上の差異が差別に由来するかどうかは別だ、ということである。
「社会的自己実現を果たすために、『技術』や『実践的な知識』を身につけ」ることを選択した女性の多くは、職業特性による家事や育児と両立の困難さから「結局は結婚や出産を機に『自ら進んで』退職し、専業主婦となる道を選んで行くくだろう」。

中村晋介「ジェンダー・トラックの再生産」『現代高校生の規範意識』所収、友枝・鈴木編、九州大学出版会、２００３、１２４ページ。

3　賞賛と優越に対する忌避と劣等

新しい世界を志向する過程ではなく、具体的人間の「日常」の叙述では、我々は賞賛と優越の代わりに「同一」と「忌避」と「劣等」について叙述しなければならない。

人間は発生時平等である。彼らはそれぞれに自己の周囲の先達に迎えられ育てられ、彼らをマネしつつ生育する。

差別は複数の「自己」に対する他者との同一の拒否の外観を取る。「忌避」は理由の如何を問わず、「自己」に対する他者との同一的行動の拒否の現象のことである。「劣等」は行為論上の概念ではない。社会的交渉の中での概念である。「優越」は自己の自由の確保された状態としてそれ自体で心地の良い生理的状態である。これに対して「劣等」は、常に他者に自己の意志が通じない、したがって自己の意志の実現ももたらさないという行為論的事態の過去的認識を基に、その事態が当の他者によって意志的にもたらされている事態を指す。その事態がそのまま彼の疎外である。

他者の「劣等」を前にしたときに生ずる行為者の「優越」感覚は、複数の「自己」の間での、「噂話」「からかい」「あざけり」を現象させる。ここで噂話はその本質上、話題の対象者が持つ複数の「自己」が取るべき行動への契機を披露するモノであり、当人たちの「育ち」にもよるが、多くの場合、対象者の劣等を話題とする。

第２節　差別とは

では差別とは何か。

1　差別の本質

ここで、差別の本質をみよう。

世の中の「差別」は、あまりにもいろいろありすぎる。といって、これを「定義」しようというわけではない。それでは本末転倒である。まず、なぜそれらの事象が「差別」と呼ばれているかを見なければならない。

（1）種々の「差別」と呼ばれる現象

第1のカテゴリー
1　人Aが人Bに貶められる「差別」、これが日本語上の差別である。差別は本来は、差別者当人の問題である。これは、差別者の権力行使であり、被差別者が対抗できない点に「差別」の表現がとられる。

第2のカテゴリー
この本人性のため、差別者当人の行動が被差別者の感情にもたらす被差別、すなわち差別されざる被差別である。
2　人B等が人Aを仲間から外す「制裁」

３　人Ｂ等が人Ａを人Ｃとは区別して扱う「対象制限」について差別と主張されるが、第三者にとっては対象特性として一般化されない。
４　少数者の区別が、忌みとともになされる「接触忌避」
伝染病をめぐる行為
５　少数者の被害の申し立てによって成立する「被差別」
喫煙者と非喫煙者のシーソー

第３のカテゴリー
同じく、権力行使ではあるが、同様に差別の意識は存在しようがない、単に平等的扱いがされないことへの主張。

本件は当初は本来の差別に似てはいないが、これを契機に、弱みを見せた者への仕打ちとして、差別が生じ、場合によっては累積される。

この過程がなければ、本件はコミュニケーションの問題である。被差別者にとっての問題は「不公平」なのであり、これは異議申し立てで収まるべき問題である。

しかし、もちろん、現実には、これを契機に「権力」が行使される。この権力行使に限って、問題が立てられるべきなのである。

最後に、

6　階級社会にあって、平等幻想を持つ行為者が、自己の不遇を「差別」と表現する。そもそも「不公平」という発言は、権力への抗議活動である。もちろん平等とは「差異」間の平等である。「同じ」ではなく「違うのに同じ」である。つまり、差異を生じさせる関係を超えた中で、「人間を見る」ということである。
混乱の極致であるが、第3のカテゴリーと本質は変わっていない。

（2）優越と差別

賞賛と優越は、それ自体で差別を伴うものではない。これに社会の権力要因が加わることで差別となる。

人は主観的に優越を感ずることを好むが、これは主観的なものである。2人関係では相互に優越を感ずることも不断に起こるし、とりわけ友人関係ではそうである。差別化されている集団においても集団的な賞賛と優越が生じ、この集団の「内部」においては外的な「差別」も差別の体をなさない。

さて、ここで、同様にある集合性をカテゴリーとして既にある評価体系の中におけば、「それは差別だ」などと呼ばれることもある。「女はバカだ」というような言質である。

実は、こうした対応は単にイデオロギー抗争に過ぎないのだが、そういわれるとリベラルな大衆は、「そうか、差別か」と思うものである。

他方、非難者は差別とは思っていない。「東大教授はみんな学者に値しない」という表明に対し、それは差別だ、という日本人はいない。非難者の誤りはカテゴリー化に過ぎないが、そのカテゴリー化の代償を差別と呼ぶ場合があるのは、反抗声明が差別的だからである。お互い様の泥沼である。

もちろん、悪口や差別的言辞は、裏返しの賞賛と優越である。被抑圧者は、悪口によって他人を貶めることで自分の優越を確認し、あるいは正義である自分を自分自身で賞賛する。

しかし、カテゴリー化への非難は実用的ではない。悪気の問題ではなく、人間の習慣である。非難されるべきはカテゴリー化されたときに生ずる劣等の社会での評価である。あるいはその評価を鼻で笑えない評価認知である。「東大教授の名声」は、受験生上の劣等意識に支えられ、これへの反発は、ある「個人」の学歴至上状況への反発である。

これは、社会の権力によって壊す（べき）ものであり、対人的闘争項目ではない。

この社会評価の破壊は、シンプルに社会運動の項目に入る以上の問題ではないのである。

2　差別の発生

（１）差別の相互行為

権力による役割設定は、他者Aについてその役割固有の行為の独占的許可と、その許可をもたらした文化的行為の使用の許可を与える。

ここで、あるとき、他者Bが他者Aの行為の真似をして当然な社会的状況の中で、その状況への登場を拒否されている自分を知る。例えば男性管理職の社長を含む例会に誘われない女性課長Bである。

これはこの表現のままでは区別であるが、その精神的痛手、未来の自分への拒否の痛手は、区別を被差別となす。つまり、「かもしれない」認知である。

と同時に、この区別を認知する第三者にとっても、この区別は彼女との評価上の差異、差別となる。つまり、「どうにもならない」認知である。

とりわけその拒否がマイナスの行為原則からなされていた場合は、真正の社会的差別である。もちろんその原因は「支配」から生ずる武力に淵源する生理的条件であり、同様に、権力階梯に基づく賞賛と優越であるが、とりあえずそれらは具体的状況のレベルから解明しうるものではない。具体的状況のレベルは、その現象面から社会過程を跡付けるに過ぎない。

これが、いわゆる権力社会の「役割期待」という差別である。役割期待の理論枠組み上の差別はおいて、彼ら理論者が「実証」してくれた、差別の本体である。

この現象が、継続的な生活条件となり、規定的な諸条件とのタイムラグ、あるいは終結への別条件を生じさせる。

(2) 支配社会の妄想的差別

支配社会においては、何の含みもない社会的交渉が、他人にとっては差別現象になる場合がある。この場合の差別とは、被害妄想的差別である。

すなわち、どんなコミュニケーションも他者の否定を含む言辞は、何らかの意味において劣等な他者においては妄想的差別である。もちろん妄想と呼ばれようが本人には真正の差別ではある。例を出すのがはばかられ苦労するが、たとえば「陽に焼けて健康的ねえ」といわれた南方国出身2世である。

ある言辞は、社会的交渉のなかで、対等な２人の言辞ではなく、社会的後背地をもった、それにあらがえない言辞となる。上記の言葉が戦前に発せられた場合である。これは誰が悪いわけでもない支配社会の現象である。

仮に同じ言辞も、その言葉によって反論のしようがある場合は、これは「ただの社会的交渉」である。「お前は俺の親をバカにするのか」と激怒した場合である。

（３）差別と支配権力

資本家からの低賃金は、常に「足元を見て」遂行される。ここからの解放は、資本家を上回る権力、すなわち、支配権力による指示、労働者的共同、またはその被差別的集合性の協同によるしかない。

普通選挙制度下の支配権力は、資本主義社会といえども、資本家の言うことを聞く必要はない。彼らには支配の安定が要件であるに過ぎない。もっと言えば、資本家一般も「他資本家も同じ労働条件下であれば」それでよいのである（注）。

（注）被差別部落民に対する資本家の対応については、馬原鉄男『日本資本主義と部落問題』部落問題研究所出版部、１９７１、参照。
なお、本書では難民問題は扱わない。社会に持つはずの行為共同性が断たれた場合の故人と社会との関係は、千者万別にして当該社会次第、一般論化できないからである。

難民と差別については左記、

国際人道問題独立委員会『難民化の力学』創価学会青年平和会議訳、第三文明社、1990。

(4) 差別と下部権力

差別については、支配権力によるものと、それが消えたのちも制度として、あるいは下部権力の用具として残っているものとの区分けが、そこからの解放のために必要である。それには全体システムの視点からの説明が必要なのだ。具体的行為者からの視点では明らかにならないのである。

つまり、下部権力の用具となった差別は、いくら支配権力を変えようが、あるいは支配関係に寄与すべく作った生産関係を変えようが、それ自体においては変化しないのである。もちろん差別を変化させる条件は変化するが、だからと言って支配権力等と運命を共にするわけではないのである。

ここで下部権力とは、
1　生産共同体
2　家族
3　行政下の地域団体
である。

これを規定するものは、そこでの生活から逃れられない、あるいは逃れがたい、諸条件である。

支配権力は、自己に対する会社に対してはその支配という事態により差別の条件を作る。この実際の行使者は支配者の「身内」である。リード先進国以外の資本主義は、「封建社会」の階層構造を基準に、政府に追従する組織を作る。リード先進国は、そもそも支配者も次点支配者も封建的階層構造を離す契機がない。

ついで、支配管理者たちは複数の「自己」の常識をもって、組織内に階層を作る。その階層間で差別が必要なわけではないが、事実上、そこでの権力の多寡は、差別の条件を作る。この実際の行使者は、各々の支配管理組織構成員である。

（５）差別発生の外観

次いで、その当時の経済的条件の中で、生産関係が当時の被支配者に階層を作る。ここで生産関係と呼んだ契機は、具体的にはある時代に生産共同体として現象し、次の時代には資本主義経営体として現象する。このとき、やはりその階層間で差別が必要なわけではないが、事実上、そこでの権力の影響の多寡は、差別の条件を作る。この実際の行使者は、各々の生産組織構成員である（注１）。

次いで、生産共同体内の家族は、その支配の度合いにおいて、家族の代表に権力を与える。これは具体的にはそれぞれの生産共同体の事情に付随するが、現実問題として、それは家族の肉体力による支配を当初の契機とすると認識するのが当然である（注２）。家父長制的家長である（注３）。

ただし、資本主義的生産関係の中での家族は、必ずしも家族の代表に権力を与えるものではない。家族内の弱者がその家族から逃げられない範囲において、弱者は家族代表の肉体力に服する。

次いで、時代が生産共同体の生産関係的意義を弱めても、居住を要因とする行政の地域団体、つまり、自治会、町会において、それまで培った生産共同体での権力が残存する。地域コミューンだソビエトだとか言ってみても、その内実が農村男子や中小企業の権力行使者であれば、女性の解放はあり得ない。この点、地域権力構造は、一般的な生産関係の影響とは異なるのである。

さて我々は、抽象上の一般社会過程として、先進資本主義生産関係での自由の増強の様子を確認してきた。つまり、資本主義においては、ある個人の、移動の自由、職業選択の自由、という行為上の自由により、人民はその範囲内で自由になる。

しかし、こと具体的社会過程においてはそれで収めておくことはできない。それは簡単な理由で、ひとそれぞれに、自分の行為が発現される社会的環境が異なるのである。とりわけ、資本家本人、あるいはいまだ残る生産共同体内個人である。

まず資本家は、自己の行為の志向内で自由である。彼は自己の生理的条件の確保の範囲内で、行為を決定することができる。この自由は、その環境が消滅した後、すなわち破産、あるいは取締役解任の後も生き、行為の志向が修正される。これはシンプルであるが、社長たるものをめぐる数十人単位の体面的関係のなかで、この修正は協調的な和音をかく乱するのに十分である。彼は仲間外れとなる。

しかし単に心理学の対象に過ぎないそれよりも、構造的に押さえなければならないのが生産共同体内個人である。

現代の資本主義的生産関係内の場では自己関連の権力供給以外に、その他の権力階梯の魅力も生ずる。たとえば、旧地主という立場に基づいた関係に対し、行政権力の付与をめぐる権力階梯である。たとえば地元選出自民党幹部の息子との関係と言うとわかりやすいだろうか。息子ないし「小倅れ」

と感ずるのは筆者の評価ではなく、代々の地主である彼の矜持である。

もちろんこの階梯の複合はそう複雑なものではない。農村共同体と政治的支配権力、それにあるかないかの地方的資本家関係である。

これらの区分はおおまかなものである。「生産共同体の構成員の定義がないではないか」なるウェーバー学徒の声さえ聞こえる。

しかしそんなものは、社会学研究者たる資格を放棄した衒学趣味以上の意味を持つものではない。たとえば、ある村落のはずれに、なぜかは言い伝えしかないが、村人からの扶養でようやく生きている非生産家族がいるとしよう。それは或る定義では生産共同体構成員ではないかもしれないが、そんな事例は研究者それぞれにおいて分別すべき事情である。

問題は、この差別では「差別」ではなく「被差別」が問題だ。ということである。被差別の条件、この場合その家族が差別の領域から脱して自立生活をできない、この条件にあるのである。ここで条件とは、その根本要因である契機が生み出す種々の事態のなかで、ある現象を生じさせる一連の原因のことである。当該全体社会が先進資本主義であれば、社会保障によってその家族が被扶養の地位から脱することは不可能ではない。であるにもかかわらず、やはりこの家族は、文化上、生活保護も受けがたい被差別の状況に置かれるのである。

この状況は権力状況によって変更される。

つまり、支配権力によって同質と見なされれば、あとは、本人なりその陣営なりの努力でどうとでもなるのである。ここで支配権力とは、肉体力の行使元のことである。ある場合は国家的な行政力であり、ある場合は政治集団の肉体力である。

こうして、生産関係上の歴史から脱していれば、この具体的な家族が生産共同体に属しているか、単に生活的な共同性があるだけかどうかは、その周辺の人々の行動の結果によって分別されるのである。

（注1）移民の場合の経済的組み込まれ方（下請け、第三次産業）については、たとえば簡単ではあるが、左記参照。
南川文里「アメリカの人種エスニック編成とアジア系移民」『国際社会4』所収、宮島・梶田編、東京大学出版会、２００２。
（注2）家庭内で肉体力が強いからといって、権力を誇りたがる、もちろんそんな下卑た人間の存在を否定するものではないが、社会の仕組みはそうではない。
私のような善良な人間も存在する。にもかかわらず、ある歴史的時期とある地域的特性が、その構制が大勢となる。当初の肉体的契機は、肉体の相互行使の結果、制度化する。それは社会の問題なのである。
（注3）たとえば「家父長制概念」とかいう言葉を使う者たちもいる。一体そんな概念で何を訴えようというのか。概念はそれを使うことで研究の答えにつながるものでなくてはならない。そんな者たちはこれから座して家父長制が生じたはずの「封建制の終了」でも待望していようというのだろうか。
フェミニストが使う「家父長制」概念とは、男社会という意味である。それ自体非歴史的用法なのであるが、さらに面倒なことに論者によって思い入れが違う、という、どうしようもない言葉である。

いわばアメリカ的な非歴史的家父長制概念については、

ハイジ・ハートマン「マルクス主義とフェミニズムの不幸な結婚」『マルクス主義とフェミニズムの不幸な結婚』所収、L．サージェント編、勁草書房、１９９１、参照。

この点について、サンドラ・ハーディングは同書論文にて、それは「一般的な支配的社会関係のパターン」でありうると指摘している。今、その根拠の当否を棚に上げて言えば、おっしゃる通りに本人の用語を変更するのが普通であろう。

サンドラ・ハーディング『家父長制と資本の真の物質的基盤とは何か』、同書１３９ページ。

人には、特に学術的には伝えにくいものがあるものだ。個人の感情に過ぎないと思う事象である。女は男の怒る姿を見て身の危険を感ずる。感ずるからといってそれを理論に組み込むことはできない。もちろん組み込めるのだが、組み込むものではないと思う、これもフェミニストいうところの家父長制である。遠慮なしに組み込まなくてはいけない。遠慮？　女は、怒るまでは遠慮がちなように見える。それは女がヒステリーや感情的なのではなく、そういう事態でないと反抗ができないからであろう。

上野千鶴子は、新聞の人生相談回答者として、家事をしない父、弟には言っても無駄だからほっておけ。弟はそのうち嫁さんに矯正してもらえ、という趣旨を述べている。それが一般的な妥当性なのであろう。

２０２０年11月14日付け朝日新聞土曜版「悩みのるつぼ」コーナー。

3　差別と階級

差別と階級との関係には、マルクス主義者の思い込みとは異なり、３つの次元がある。

まず、差別は支配に基づく。言い換えれば、権力に基づく。支配による外見上の差別が次の2通りに存在する。

第1にマルクス主義者が強調する資本主義的生産関係に起因する「差別」。利潤を支持すべく行動する者が厚遇され、利潤への意思的貢献が必要のない労働の担い手が冷遇される。これを差別と呼ぶ場合もありうる。企業では管理職及び管理職志向者が厚遇され、一生ヒラでもいいやという者は冷遇される。これも差別と呼ぶ者がいる。

ついで第2に、もう社会には主立って存在しなくなった生産関係の下で存在した被冷遇者への、その冷遇文化の残存。被差別部落出身者への冷遇である。


さて、もう一度言えば差別は支配に基づく。マルクス主義者はこのとき、「そうだ、資本主義社会においては資本家と労働者の支配が差別の元だ」というだろう。

しかし、そうではない。資本主義社会であれ、支配は、その第1次的な姿において、国家権力者と被支配人民の間において存在する。資本家が支配力を持つように見えるのは述べているように、国家権力が私的所有制度を擁護する限りにおいてのみである。

では、下位体系での支配はどうであろうか。もちろんそもそもの差別とは、この下位体系に存するものなのであるが、それは「上位体系の下位」の体系たる資格で存在するのである。

会社組織における2次的な支配、資本主義下の農村共同体における2次的な支配。これらは国家権力に服するのである。

国家権力は体制そのものが壊れない限り、下位体系の浮沈には興味がない。この場合、国家権力を左右するものは支配（層）民に係る賞賛と優越である。たとえば普通選挙制施行下における議員出身支配者の選挙民への配慮である。こうして、賞賛と優越への配慮は、下位体系での差別を減少させる。

さて３つ目の次元である。

残念なことに、有権力者は、自己の生理的満足の確保のためには、これに反する者は許さない。資本家は、自己の低賃金労働者の存在は、もちろんその確保の道は自由なのだが、しかしその存在自体をなくすこと、なくそうとすることは許さない。

同様に資本主義的労働のための学力のない者は、現在というその時点で、見返りなしには自己のシステムには繰り入れない。一般には、黒人等の先進国家直系でない民族のことであり、見返りとはたとえば補助金等である。

同様に資本主義的労働のための処置力のない者は、現在というその時点で、見返りなしには自己のシステムには繰り入れない。一般には、障害者のことであり、見返りとはたとえば法律的罰則からの自由である。

もちろん、資本家と同じ「男」は、ほかの権力的要求がなければ、自分の要求が通らなければ通させる。

まことに情けないが、古今のすべての倫理学説は、支配階級の構成素たる資格において、２枚舌のなせる技と断じられるべきである。諸悪の根源を社会構造上自由にさせておいて、何が倫理か。

何度も言うように、人間は自己の個人における自由を解放させようとする。ここで、どんな歴史的経緯があろうとも、いったん下についた「女」等の「弱者」は、その境遇構築に、格好の材料なのである。

そして、歴史の中で「男性」という同性が、あるいは同環境者が「彼らなりに」苦心しながら築き上げた自己満足の解放は、集合的な規範として、観念上の満足をもたらすのである。

第3節　資本主義と差別

1　資本主義下の階層的差別

資本主義自体に階層性が必要なわけではない。階層化は支配者の恣意である。支配者の恣意は、当時の賞賛と優越による。

ここで、支配者の恣意は、それ以前の階層性に応じて、被支配者上層においても同等であることに注意されたい。

例として、昭和前期における「サラリーマン階層」なりを念頭におかれたい。
1　新しく堆積した集合性の発生

2　それに触発された当該集合性外の人々が、当該階層を「その社会の平均と同様です」との装いをこらし
3　その後、時間とともに、つまりその後生ずるあらゆる社会上の事実認知の中で、その集合性が「平均として溶け込む」事実を提供し続ける必要があるのである。
このそれぞれに自己の権力のよすがある集合性が、社会学上の階層である。つまり、自己にとっての賞賛と優越の源泉である。サラリーマンは、そのそれぞれの側面において社会での対応が必須な集合性として、農村住民に軽侮されながらも、はっきり都市住民の中に現象する。

当該サラリーマン層は彼らが受ける賞賛がその集合性から生まれている、と気づいているわけではない。当該具体的人間に知られる賞賛と優越は、当該人間にとって「社会の」賞賛と優越なのである。その賞賛と優越がそれ以上の上層階級やそれ以下の下層階級に妥当しようがしまいが、それは彼らの知ったことではない。

もちろんこの賞賛と優越の根拠たる行為共同性は、彼らの階層的行動を保証するわけではない。いくら仲間だからと言って同じ行動をとるわけではない事実は、わざわざ言うまでもない。それはその階層を統括する権力、この場合には対抗権力と体制権力との統合により、その両者に対してどちらをとっても彼自身に妥当な賞賛と優越として存在するのである。

他方、「社会科学上の」階級は、ある歴史的時点においてこの階層に対して同じ行動をとることを要請する。それが「社会科学上の」階級の発現なのである。

ここで階層の発現について一言述べておこう、本来、イデオロギーと資本主義をセットでとらえるには、昭和前期以前は意味を失ってしまうということである。その土台が資本主義一般ではないのだから、当然にイデオロギーの使用者、対象者、享受者その他が、層として違うのである。

下層人民が「自分の力」を認識しない限り、イデオロギーはその階層について意味をなさない。あるいは、人民が自分の力を層として認識したときに、イデオロギーは階級としての分化的変容をなす契機となる、それまではならない、ということである。

ある社会、とりわけ資本主義が蔓延する以前の社会には、支配階層に無視される人間層がいる。つまり、人間以下的存在である。支配者に奉仕するだけの存在は、支配者には考慮に値しないのだ。彼らはまずは人間にならなければならない。すなわち自己の意向を支配者に検討させねばならない。

それは自己のみの力でなれるわけではない。弱く、その力がないからだ。彼らがその社会の「人間」になるためには、初めにその社会で支配階層に対抗できる力を持っていることを支配階級に認識させ、そしてその自分の力を自分でも認識しなければならないからである。

図式化すると、
1　まず彼ら自身の一部がイベント的行動を起こし
2　それに触発された一部以外の人々が、当該階層を「その社会の平均と同様である」との装いをこらし
3　その後、時間とともに、つまりその後生ずるあらゆる社会上の事実認知の中で、「平均として

溶け込む」事実を提供し続ける必要がある。

その間、彼らの周囲で、その第1の過程を助けるのが「前衛」であり、その第2の過程を、社会に取り込むために助けるのが周縁的支配者、現在の名では官僚であり、その第3の過程を経たときに、それらは、もちろん自分でも他人でも動かしようもない、悪口にすれば閉塞的体制内要素となるわけである。


さて、「平均として」という言葉を何度か使った。

当該階層の存在意義は体制支配への「恐怖」なのだが、恐怖のままでは必死の支配者に潰される。ここで、支配者からの要請と自己の保身という妥協点が「平均的装い」である。官僚の存在意義は支配者の意志と体制的現実との調整であるから、官僚が動くのである。

さらに周縁支配層と同等の文化的背景を持つ人々、同じ賞賛と優越を共有する人々が、彼らにリードされた人々を支配層と同じ賞賛と優越に繰り込む。

つまり対抗運動を共に行動した中下層人民が、中下層人民総体を代表することで、彼らを彼らという「平均」階層として全体社会の事実認知の中に形成するのである。

2 階級表象

規定性たる「階級」の現象形態である「階級表象」である。

社会学者なるものは「階級」の現象形態を「階級構造」なり、よくて「階級構成」と呼んでいるが、そんな構造なり構成なりが存在するわけではない。つまり、そうした構造なり構成なりを行為者の前に環境として現出させる規定性があるわけではない。

あるのは階級に規定されて動き続ける「表象」があるのみである。これを「構造」や「構成」と表現したがるのは、単なる社会学とマルクス主義者との野合である。表象は、「階級」とは異なり、構造ともならず、常に変わり続けているのである。

さて、この「表象」はいかにして存在するか。行為共同性とそこに動く賞賛と優越による。かつ、行為共同性が変わり続けるものだから、表象も1日1日変わり続けるのである。それゆえに資本主義内差別も、革命時ではなく、1日1日解放へ向かうことができるのである。

3 児童「差別」

後進国の貧困家庭では、幼い児童が無報酬なり極少の賃金でも商業労働管理下で働く（注）。これはなんだろうか？　貧困家庭の常？　違う。児童差別である。もしも世界に女性差別が存在するならば、これは児童差別である。「いや女性差別とは、両者同じはずの大人の男女にある差だ。児童は大人ではないので差別ではない」だろうか？　それは一体誰が決めたのか。差別者は自分のことなど見えはしない、見る気にもならない。差別とは、被差別者の論理構成である。言いたければ「それにすぎない」、他人にとっては。大人の肉体的・食糧供給的武力の下で、子供は被差別の声を上げないから見えないだけである。

というふうに、日常に埋没した人間が見えるものなどは知れている。他方、論理はすべてを照らす。そして主体的社会学は、解放を求める人間、すべてのものである。
（注）女子偏重だが、日下部尚徳『わたし８歳、職業、家事使用人。』合同出版、２０１８。また、白木朋子『子どもたちにしあわせを運ぶチョコレート』合同出版、２０１５。

４　被差別者（一般）の資本主義的処遇

資本主義社会においては被差別者の処遇は、私的所有者に任せられる。ここで資本主義的原則により、資本家が差別する被差別者には、最低賃金が割り当てられる。

被差別者は相対的に劣る教育しか受けられず、労働資質に劣る場合はある。さらに経営上層者たちの習慣を身に着けていない場合も多く、指令行動に劣ることはある。これらは、仮に経営者上層が悪意の少ない人間であっても、自己の行動に資本主義的合理性を与える。

では、このとき被差別者に被搾取能力が十分にあったらどうなるか。これは資本主義的原則ではなく支配原則に則る。

支配原則においては、支配者に選択肢があれば、行為共同性のない人間たちは、ただの動物である。教育のハビトゥスの流通と下層階級者の差別されない現実の広範さにより、大衆間の行為共同性が大十分に同じになるまで、彼らに自分たちと同じ境遇にさせることはできない。

かくて被差別者は、被差別行為が価値剝奪されない限り、資本主義的最下層に位置する。


今資本主義社会に使った要素は、資本主義と行為共同性である。

逆に言えば、私的所有に基づかない体制であれば、その処遇は支配原則のみに由来する。計画経済だからと言って、差別がなくなるわけではない。これは注釈である。

戻って、その際に使用される行為共同性は、「資本主義的階層」によってのみ制限される。制限されるのがそれだけの要素とはいえ、さらに歴史的経緯が加わるので、傍目にはそう見えない。すべての人間的抗議は、資本主義的賞賛、優越に該当するものに限って受け入れられる。つまり、支配管理者たる官僚の考慮下になる。

5　女性差別

さらに女性差別について一言するならば、資本主義的生産様式上の支配者にあっては、イデオロギー的には平等をか、労働能力の無価値をしか、語る言葉がないところであるが、女性差別については考慮されるのである。

（1）女性解放の敵

労働者は、マルクスの「支配者は資本家」のデマゴギーにもめげず、19世紀社会主義者の伝統をたがえず、政府を攻撃できた。もちろん、人間社会の原則とは、その権力者を撃つものである。

さて女性差別にあっては、具体的次元においては、女性の敵は男である。権力者男こそ女性の敵である。男の評論家がなんと強弁しようと、女を抑圧しているのは資本家ではなく政府でもない。男の首相であり、男の経営者である。

資本家が女であれば、女は女としては解放されるのは自明であり、首相と政権与党の代議士が女であれば、女は制度としては解放されるのである（注１）。

この自明な事実に反論できる論理はない（注２）。

（注１）「それでは、たとえば女性の『社会的位置』の現象的な規定因とは何か。本質的には支配者支配、すなわち生産手段の強奪だが、現象的・具体的世界ではどうか」という問いである。
それは家庭における男性支配であり、生産組織における男性支配である、ということは既に述べた。女が階層を構成しないのは、女が一律に受けうるこの被支配性であり、これは本質的にはプロレタリアートと比すべき状態ではある。

しかし、これはプロレタリアートと異なり、そこから脱しうる状況をも含んでいる。具体性の男性支配は、その肉体力を去勢するシステム上の支配に屈するのである。

ここで女性を例に挙げたが、すべての肉体力を使用する差別は、このシステム上の支配に屈する。ただ、システム支配を組み込んだ制度下の常態を除いて。具体的には政府構成者、あるいは議会構成者の、男性固定化を指している。政府代議士への進出は、女性解放にとって決定的である。
（注2） もちろん女性差別は、支配社会においては、男性の肉体力によって継続し続けるのではない。生産手段を奪われた男性「及び女性」は、「社会の掟」に従った賞賛と優越をクリアし続けるしかない。すなわち、たとえば「稼がなければ夫婦とも劣等と思われる社会」にあっては、男はあくせく稼ぎ、女はその稼ぎを「陰ながら」フォローし、これを当該社会に主張するという悪循環が生まれる。これは男のせいではない。男は「妻のためにも」そうせざるを得ないのだ。この事実を女性がどう非難しようとも、非難者も自分がその立場になったらそう行為するところの事実であり、この事実確認は「第三者の」評論である。
ただ生産手段が男性の手のみに戻るなら、やはり女性差別は続く。

本件は、主婦労働にカネを払うとかいう問題には至らない。人生そんな問題ではない。

結論から言えば、すべての人間に生産手段を渡す。筆者の社会主義論の主旨のままなのだ。これは『資本主義と支配システム』参照。

専業主婦はカネにならない？ であれば勤労夫がその分を等分に分ければいい、その分配に社会の言がかかわる必要はない。

そのとき「あたしはこんな等分じゃあ満足できないわ」というのなら、そこの時点で働けばいい。仕事はどこに？ 生産手段はすべての（総体としてではなく）個人たる人民のものである。いかようにも要求すればいい。

（２）女性解放と資本主義

ここで資本主義である。

農漁村の勤労から、夫を引き出して働かせるのが近代資本主義である。それは労働者に資本主義社会的に適正な賃金を支払うだけであって、その賃金の配分に会社が口を出す必要はない。勝手に分けろ、というものである。社会的に適正な、という意味は、この賃金によって資本主義社会の購買力が回っていくか、ということである。

しかし他方で、近代資本主義はそれ以前の社会構造を引き継ぐのは当然の成り行きである。つまり、近世農業機構である。

「女が働く？　そりゃ武家の娘御にはそこそこカネを出していたが、女ごときの上地主でもない水のみ百姓の娘など、賃金は半分でいいな、そもそも女なぞ体が弱いからこの素晴らしい機械の世の中、16時間も働けないだろう」

というわけである。

何を言ったか？

それは資本主義のせいではなく、労働力供給の問題、すなわち、資本主義が乗っかる社会構造の問題なのである。

資本主義はそれ固有の法則のみによって動いているわけではない。その不可欠な要素である労働力に関しては、それ以前の支配社会の動向に依存するのである。この事実は、労働力の主が女であろうと男であろうと同じことである（注１）。

もちろん、人間にとってそれ以前の社会構造への反抗と、生産手段の普遍的な入手への行動は当然である。ここで、前者の行動は、人間に本来的な、いわば湧き上がる自由への志向の表出で良いのであり、行動としても主張としても、考えるだけならたやすい。問題が後者である。

女とはいえ現行資本主義によって生計を立てているのである。これを放棄して新しい生産関係を作ることなどできないし、おいそれと主張もできない。これはすでに一般大衆にとっては、それから目をそらすために理屈や理論を放擲する地点である（注2）。

（注1）これが宇野経済学について、黒田寛一、梅本克己が敏感に感じ取った「労働力商品化の無理」の「本来の」問題である。つまり、人間の諸疎外は、経済過程にではなく、支配に付属するものなのである。生産過程の支配の側面が資本主義に特有な疎外の1形態を示すに過ぎないのである。この原理的構制は、筆者が別途論ずる予定であるが、この部分についての既存の文献には、
宇野弘蔵・梅本克己『社会科学と弁証法』、岩波書店、１９７６。

また、黒田寛一『宇野経済学方法論批判』、現代思潮社、１９６２。

（注2）そうはいっても主婦には権力もある。
女性は社会から、社会の存在要件である生理能力を普遍的に期待される。この能力を子どもの養育権力として使う限りでの権力である。もちろん男がその権力を欲しがるのにもかかわらず与える、というわけではないのだが、それにしても「母」であれば、子を養育することは彼女の行為権力内の事項となる。自己の主観的、主体的満足と、共同体的要求とが、権力によって調整されるのである。

もちろん、下部支配者は、支配に差しさわりのない自由は容認しうる。さらに、直接の支配管理層は、女

性相対に対しては現実的に武力、あるいは正しくは肉体力で劣るのであり、法制度を通してある程度までは被支配者の自由を認めざるを得ない。

ところでこうした法制度問題は、「平等を」掲げた左翼政策によって前進すると考えても間違いではない。しかしこれに立ちはだかるのは、社会関係内で旧来の賞賛と優越を身につけた男性左翼である。人は自分に襲い掛かっている「支配」は理解できないが、つまり可視できないが、しかし、自分が不自由であることは、次の一歩を踏み出し続ける日常において、理解している。

このとき「なんで？　おかしい！」と思う瞬間が人間の自由の第1の契機であるが、そこでとどまってはならない、「ばかやろう」と殴りつける、それが人間の解放の契機なのである。人はまず自分が思う行動が現実化されるかどうか、その現実によって、自己の将来の次の一歩の認知を更新するのである。

それを実力行使されると自分の路線と合わないので困る左翼が、「いや本当はこういう事情だから」などといって止める。我々が過ぎてきた中で幾度も出逢ったそれは実質は、解放を引き止める行為なのである。「本当の事情」など世の中には存在しない。それは人生の物語をどこで区切るかという事情なのであり、自己以外からのおためごかしは、すべて自分かわいさの唯我独尊である。もちろんその「左翼」包囲網を破ったときが、最終的な人間の自由の獲得状況である。

第4節　差別からの離脱

1　秩序のなかの変更

被差別個人による賞賛と優越の追求は、「同一」と「忌避」と「劣等」の排斥を人に行為させる努力である。差別行為の対象は日常の中でその対手となる。ここで、権力システムの登場である。それは対手行為者が善人であれ同様である。

本節の結末は「権力」の章に戻る。

(1) 自由との契機

人が秩序のなかで権力によって支えられた「現状」を生きて、その中で自分にとって「いいこと」をしても、それは「秩序」である。そこで得られるものは、自分の恣意的な将来ではなく、仕組まれた将来であり、そのレールに乗った、わかりきっている将来である。それは確かにその将来を自分で想定したものであり、「それを得る」という行為の完遂ではある。しかし、それにすぎない。秩序の行使は、本人にとって、わかりきった将来を入手しているだけであり、決して「意志決定」という行為論的自由を確保できるもの、「幸せ」ではない。

だから「秩序の破壊」が、年寄りにも、自由をもたらす。このことは年寄り本人であればもしも自己権力の喪失を受け入れるならば、自分で気づくものである。

（2）異分子たる境遇

もちろん、秩序のなかの反抗は、行為共同性の強い環境にあっては、「変な奴」「発達障害者」その他の言辞により、社会から疎外される。しかし、わざわざ言辞をつける時代には、同じく行為共同性の強い環境のため、必ずこれを友とみなす「同志」が出てくる。氾濫する彼らは、自由を求める「同志」たちの存在により、その社会から抹殺しようというふるいを「同じ集合性」まで引き上げられる。

わざわざ言うこともなかったかもしれないが、これが支配権力の及ばない世界、つまり「差別世界」での自由の進展の基本である。その差別事由により、多くは部分的な解放にしかならないが。

2　反差別の賞賛と優越

（1）生活過程

差別に対抗する賞賛と優越は、行為共同性の支援をもって初めて、成立する。生活過程においては、被差別者の連帯または団結である。

たとえば戦後すぐまでの農村主婦（嫁）は、仮に金銭的収入を得たとしても、これを自分のために使うことはできかねたであろう。金銭の使用は、その集落での他の主婦（嫁）との相互的な確認を待ってのみ、一般的な賞賛と優越に変化しうる（注）。
（注）新保満『日本農村における経済発展と社会変動』（第二版）時潮社、1993。とりわけ第6章。

（2）対抗イデオロギーの資格

支配権力が仕掛けたものであろうと、対抗権力のそれであろうと、イデオロギーは宙に浮かんでは存在しない。それは政府報道や対抗権力運動者の情報、あるいはメディア媒体という「事実」報道機関によって、支えられなければならない。

マスコミがマスコミたるゆえんは、その消費者が喜ぶもの、理解するものを与えるからである。それは結局は運動者のものであり、一般論としては、生活の賞賛と優越は、支配的イデオロギーとして転化・再生産される、というのが現実的な法則的認知なのである。

しかし、本来これらのイデオロギー構制は、彼らが拘束されている支配体制の日常なのである。この日常はもちろん、彼らが生きている日常であるから反論されないだけであって、それ以上の何かを付け加えるものではない。あえて付け加えるというならば、それは「現状維持の強制宣言」なのである。支配者と下位支配者は常と同様に、これが正しいと被支配者に説くのであるから反対されるわけもない。賞賛と優越は、権力のものなのである。そこに対抗権力がなければ、現状維持の上塗りなのである。

逆に言えば、体制イデオローグは人民が日常当然だと思っていることを強調するだけで済む。反対派は反論をしなければならないが、反論を構成できないのである。

反体制は、あくまで人民の自由を主張しなければならない。それは個別の人間の自由で構わない。それが人民一般に該当するかどうかは、その実体的な相互扶助生活により、人民という語に伴ってついてくるのである。

つまり、目的の持つ「意義」ではないのだ。「この目的は誰のためだ」とか「この実現によって何が満たされる」といった行為の意義ではない。

その運動者の目的として、外的に現象させる「意味」こそが焦点なのである。どんな言い訳がつこうが、自己の次の、明日の、行動が変わるかどうかが問題なのである。


付けたりだが、支配国家における国民が、この自由の具体化で暗黙の前提としていることは、「そのとき誰が支配者なのか」というポイントである。すなわち、その主張には支配者の交替を前提とする情報内容が含まれていることが必須なのである。

アナーキスト以外においては、そのときの支配者が決まっており、その支配者をめぐって、本当の運動をめぐる抗争が起こる。もしもアナーキストが本当に実践行動をするというのなら、人々が求めるのは、まず、支配者の消滅ではなく、交替なのだ、ということに注意されたい。人々が無政府主義的であればあるほどそうだ、という二律背反が存在する。

3　被差別とシステム的「解放」

（1）生産共同体からの離脱

農村共同体から都市下へ脱出した人間は、確かに賞賛と優越、つまり価値観の変化を受けるわけではないが、しかし、農村共同体の外的規範からはフリーになれる。このフリー状態でたびたび選択肢を迎える自己の自由について、彼ないし彼女がどうやって自己の選択肢を構築していくか。彼らには、直接に面と向かう賞賛と優越が、彼らの自由の援護射撃となるのである。

ここで彼らは基本的に、過去の共同体の賞賛と優越を記憶にとどめつつも、その内実を現実に向き合う都市下の民主主義的自由に置き換える。

一方、この共同体規範の部分的喪失は、都市下の人間につながる関係者の情報を経て、共同体上層中層の下層階級への優越を時と共に喪失させる。もともとその根拠が何もないからである（注）。都市の下層階級は、共同体上層中層と同じ将来を得ている人間たちである。

このとき、社会の諸下層階級の上昇化要求の情報は、どの社会的集合性に属する人々にとっても正当性となる。

さて、共同体規範の餌食となっている下層階級は、資本主義の「自由」の進展に伴って、直結して彼らの価値を上げるわけではない。彼らの敵、つまり共同体規範の恩恵を受けてきた上層中層もまた、日々都市に出て、下層階級を拘束し続けようとするのである。

つまり上層中層が出自である都市ブルジョワジーは、彼らの田舎の価値を彼らの全力を持って都市で広げようとする。彼らの価値観こそが彼らが田舎で持っていた地位を観念的に保証するわけである。都市はこの限りではどんどん田舎化される傾向を持つ。

このとき都市出自の中層階級は、彼らのイデオロギー的同志である。日々経営の一端にかかわり、企業利益の方途へと協力する行為が、同志的根拠なのである。

（注）現実の日本の歴史過程では戦後の農地解放による共同体内下層階級（小作人）の激減がある。

（2）経過的半封建文化の解体

ここで、近代日本にあった半封建と呼ばれた状況の解体への全体社会状況とは、第1に、歴史の示す通り、共同体権力の「権力脱落」、第2に、これに伴う支配権力の水路上での「家」の解体である。「権力の脱落」とは、かたや、共同作業をおびやかす農民の労働者への振り替え的移動、かたや、それに資本主義として対応する機械の導入によることでかえって生ずる、共同体権力の縮小である（注1）。

本小項で、この事象の女性差別への影響を述べておこう。

生産力の増大と被収奪階層の労働者化は、生産共同体構成員に余裕を与える。消費力の増大である。消費力の増大の一方で、資本主義的生産がその歴史的現在の消費力の中で過剰となれば、システム上、消費が奨励され、今まで隠れて砂糖をなめるだけが自由だった女性層に、自己の決定による行為とその成功を与える。これが女性の自立の一歩である。

第1に、「唯（ただ）の」買い物ができる自由。

人間にとって自分が生きる「新しい道」とは、その道が自分の目の前に提示されていようと意味はない。その「道」が「自分の道」でありうることが、自分に理解されなければならないのである。唯の「自分のための買い物」という、個人に属する行動が現実化して初めて、人間は自分の「新しい道」に一歩を踏み出すことができる。

第2に、ここで、女性自身による収入の取得。近くの工場におけるパートタイムである。家庭労働に生産力的向上による「余暇」が生じたのである。

第3に、社会での必要労働力の減少。

「層としての女性」は、自由への一途をたどっている。

地位的上層、すなわちその行為によって一般女性の社会的行為に影響力の大きさがある層については、生存率の向上もあいまって、労働力たる子を10人も産まなくてよくなり、したがって授乳にとられる時間も少なくなる。あるいは、育児は共同化され、保育園、幼稚園、学童保育、介護事業等、結果として「自助」的に時間が保全され、自由が生まれ続ける。

こうして別の道の存在と心地よさを知った母親は、娘への進路選択に、自立の道を加えうる。

ここで、こうした状況は、もちろん、女性のみが作るものではない。総体としての個人主義の隆盛が、複数の他者＝世間への事実認知として、これを支える。

戦後国民意識の変化については、統計数理研究所の「日本人の国民性」調査にて、「清く正しく」

や「社会のため」の選択肢が「趣味にあった暮らし」に大きく振れていることがわかる（注２）。
（注１）農村の共同体支配の戦後の変化の事実経過については、左記が見事に簡潔にまとめている。
蓮見音彦「総論　村落・地域社会の変動と社会学」『講座社会学３』所収、東京大学出版会、２００７。
（注２）なお、高橋均「日本人の余暇意識」『講座余暇の科学第1巻』所収、垣内出版、１９７７、参照。
同書新津晃一『余暇論の系譜』の言葉を使えば、余暇時間の増大（＝労働時間の減少）、可処分所得の増大などによるというわけである。

（３）資本主義と個人の自由

資本主義における個人本位の思念は、自己を支配権力者と対比することができ、それによって、「個人の自由」の思念を得られる。

支配者と同等の賞賛と優越をもつ集合性が、それは人民全部を代表しなくとも、あたかも民衆を代表するかの如く、権力に自己を表明し、すなわちその肉体力として対抗権力を行使する状況は、そのとき、その価値内容が、つまり賞賛と優越の内容が、個人主義＝個人の自由となるのである。たとえば「同じ人間」、「（崇高な使命を持った）マルクス主義者」、「東大出の私」。何の根拠もない集合性が、「個人」においては、「私」の力とともに現れる。

同様に、ある世界資本主義で、いい目にあっているある国家人民の総体は、世界人民に対し、個人の自由を表明するのである。

情けないが彼らの精いっぱいの誇りである。

誰かの犠牲の上で成り立っている内実を有する集合性は、常にその犠牲者の肉体的生産力を元手に自由であり、しかしてその自由を元手に、自分の自由を主張しうるし、実際にするのである。もっとも、理屈の上での個人主義に他者を差別する契機はないので、彼らが思念上、差別主義者というわけではない。

4　差別とイデオロギー

（1）差別の減少と情報

差別の減少は、権力上位者の、「自分は上位に存在している」という認識の減少によって決まる。彼（ら）がそのように行動するからである。下位の上昇志向者は、常に上位の行動を見て、モデルとする。それはつまり、権力の地位にある者の権力行使の機会の減少と、その情報の減少を意味する。すなわち、エリート集団である評論家の情報量の減少、つまり、大学教授、作家等、その他メディアから率先して依頼を受ける情報提供者の質の平準化である。

端的には戦前における地主の権力の低下により、地主の脈絡が輩出してきた帝国大学等卒業生によるエリート行動の減少であり、これを基礎づける戦後地主の議員的・対小作的権力低下である。エリート性を支えてきたのは、決して資本家層ではないことは、学者の学歴出自からして自明である。

この原因がメディアにその購買者の平準化の傾向をもたらし、その結果、メディアが購入を求めて創作する情報も平準的になる（注）。

（注）１９８１年・ＮＨＫドラマ「タクシー・サンバ」第1話。人気タレントが演じた東京都清掃局でゴミ回収の仕事をしている父の平準的表現がある。
戦後にまだ残る農村女性の部落内、家庭内の地位について参照が欲しい場合は、たとえば、長谷川昭彦『農村社会の構造と変動』ミネルヴァ書房、１９７４、第3章に１９７０年まで言及している。

なお、若い人の歴史認識のためには、青木秀男『寄せ場労働者の生と死』明石書店、１９８９、も参照されたい。

（2）宗教による差別からの脱却

差別は支配からすれば2次的な事象である、と記したが、そもそも宗教による差別は3次的なものである、ともいえる。この迂回性がかえって、宗教からの抑圧をねちっこいものにしている。

宗教はその教義により差別するだけではない。教義による差別などかわいいものである。そうではなく、宗教祭祀はこれを自己の優越の種とする地方権力者、あるいは言い換えれば生産共同体上の権力者によって行使され、それによって再生産される。イデオロギーは常に、生活に基づいて存在する。

昨今の権力論には「権力の再生産」なる用語があるが、誤りである。

そもそも権力の再生産とは「日常の行為」などによってなされるものではない。偉大なる教壇の社会学者にとってはそうなのかもしれないが、それは決して一般論ではないのである。たとえばしがない筆者の行為で再生産される権力などない。一般論としての権力は「伝達」されるのである。

似たようなものではないか？

違う。生産する対象は権力であり、それは「消えていかない」から、再生産などする必要がないのである。まるで雨季のキノコのように権力が出たり消えたりするものなら、誰も苦労して運動を組織しはしない。対抗権力は元の権力などない中でどうにか集めた肉体力を爆発させて、ようやく「権力」を生産できるのである。

では宗教の権力も消えはしないではないか、といえばそれは違う。

宗教そのものには暴力性はない、これを暴力として、すなわち歯向かうものには祟りなり輪廻があるものとして、伝達して初めて権力が擬制的に生ずる。映画と同じである。1年に1回見なければ忘れ去られてしまうウソは、1年に1回以上上映されなければならないのである。

これに対し、支配権力が毎月毎日生産共同体を訪れ忘れる暇などあり得ないことは、1行あれば十分であろう。

（3）祭祀的行事

宗教の体制加担のうち、下位体系にかかるものは、第1に、その道徳律の供給にある。秩序原則を提示し、その秩序に歯向かう人間を事前に潰す、という役割である。

ついで第2に、地域共同体の統合である。宗教組織内での諸行事は、当該団体の価値に背く者を実体的に疎外する。

これが宗教に焦点を当てた場合の機能であるが、ここで焦点を共同体構成員に当て直すと、その恐喝的性格を使って、共同体構成員に権力を、したがって賞賛と優越を再生産する人々の一群が浮かび上がる。祭祀の実行者たる人間の私物化による権威の独占である（注）。いまだに隠されていることだが、これは男性支配と容易に置き換えられる。

これらの状況の残存が、一部共同体に限られて高齢者にのみ支えられていることは、その性格のさらなる隠ぺいとなる一方、全体社会への影響の消滅とまで見て取れるかもしれない。

（注）　坪井洋文『神道的神と民俗的神』未来社、１９８９。
70年代後半の畑作的農業地域について、地域を挙げての男のみ参加の祭祀の偏頗さがありありとよくわかるであろう。あるいは権力的権威の再生産の場としてよくわかるといってもよいかもしれない。こんな農業地域が存する限り、人間の解放など絵に描いた餅である。

第5章　主体の主体としての解放

我々は行為の原理と原則に則って、具体的行為者が自己の解放のためにとる行為を叙述してきた。

ここで、しかし人は、自己のみで生きるものではない。周囲の人の関連の中で自己の自由な意志を修正していくのである。この修正の範囲を最後に述べておこう。

人間が、状況―内―人間であるが故の、諸個人のかけがえのない生へつながる諸要因である。


さて、生産手段の取得を条件とする解放状態は、日常トータルの解放である。しかしだからといって、それ以前に解放がないわけではない。

これから家を出てデートに向かう人間は、彼の行為こそ昨日の早朝に嫌々行った出勤時と同じく、靴を履きドアを閉めて駅に向かうが、彼の心はすでに自由に満ちているだろう。人の心は次の行為を念頭に置いた現在のためにあり、それが現在の行為なのであり、それが彼の現実なのである。

つまりそれは、ある歴史的地点から解放への地点に至る過程、この潜在的な進展が、外形的にも機能する地点があるわけだが、その外形的な停滞の中でその機能する地点までの間で起こっている過程について、もしもそれを別の地点から照射したとすれば視える過程が、この彼個人の生の解放なのである。

すなわち、道程上の解放なのである。

第1節　自己の社会に対する主観的解放

さて、我々は具体的個人たる我々について、いかに疎外の只中にいようとも、自己の解放に向けて実存をかけて取っていくべき行動、あるいは実際に取ってきた行動について明らかにしてきた。ここにそれが集約された「人間」について語ることができる。

それはある方面の人間には残念ながら、「自己の拘束を認識して解放に向けて飛び立つ人間」ではありはしない。自己の今日について、それよりも明日の自由を選ぶ人間すべての行為について語るのである。それが遍在する個人たる人間である。

彼ないし彼女は、決して人間一般の解放について生きるのではない。すべての概念的奴隷と同様、だからすべての概念的プロレタリアートと同様、個別の自己の自由な明日を目指して、今日を生きるのである。

そのことが究極的に人間を解放させるから人間に未来があるのであって、人間の当為の実現や人類の永続的存続のために個人の解放があるのではない。

さらに、この解放は一人の人間の手によるものでは、通常、ない。人の時間はそうあるものではない。多くの人間が自己について努力をして、その結果が総体としての人間の解放になるのである。

この事情が人間にさらなる満足を、自由を、生む。

人はある実践が遂行されたとき、同様に他の実践を遂行した他者を認識する。この他者は行為主体にとって、自己と同じ行為将来を共有する新しい行為共同性の担い手である。人はその立場の如何にかかわらず、自己に密着する他者を、自己の生の中に入手するのである。

行為者にとっての或る目的は、集団ないし集合性の中での他者との交渉によって、個々の動作に近い行動によって、一時は棚上げされ、あるときは部分化され、他の行為と階梯化される。もともと想定した或る行為の達成による自由は、一連の動作の過程が終わったときに反省され評価される。

それでは一連の動作の間には、彼の目的は彼自身にとってどう扱われるのだろうか。

幸か不幸か、動作のような行為は、生物有機体によって、身体的反応の域を出ない。

ある身体的反応は、生理的身体の維持と、自己と他者の意図とのバランスによって費やされる。そこには瞬間瞬間の不安や安堵はあるが、反省を含む評価には達しない。

したがって本書では、この過程は対象外である。たとえば会社での作業としての事務作業、集合行動内の行為者等である。

さてそれでは下位体系あるいは集団が設定する諸目的と行為者との関係はどうか。

下位体系は、行為者にとっては、ただの「場」に過ぎない。行為者はその「場」において、自己の生理的条件の獲得のための消費物資や、当該社会構成員からの賞賛と優越の確保を進める。下位体系に目的があるなどと思うこと自体が誤解なのだ。

組織には目的がある？　組織は妖怪か。組織の目的に見えるものは組織支配者の目的である。その証拠に新入社員にはどうでもいい。彼に重要なことはまず、首にならないことであり、歩合制月給が上がることなのだ。

共同出資の出版社は？　その目的はある代表にとっては自分の好きな本を作ることであろうが、ある代表にとっては好きなことをして家族を養うことなのだ。会社とは、構成員に役立つ関係性を内在する仕組みを持つ場にすぎない（注）。


古い評者にとっては、では歴史の過程における目的との関連は？　といった質問も出るかもしれない。もちろん歴史に目的などはない。ないから答え不能の質問なのだが、あえていえば、歴史の主体は個々の人間なのであって、歴史を作るのは個々の人間の総体なのだ、というしかない。

というと、では歴史は人間の平行四辺形か、とかいう者もいよう。まずその発想からいさめなければならない。

この人間の歴史を作っているのは一部の自覚的「前衛」などではない。なぜか？　ここでいう歴史とは、庶民にとっての歴史だからだ。支配者の歴史を作っているものは支配者と権力志向の団体の代表者であろうが、そんなものは支配者の歴史でしかない。庶民にとっての歴史とは、庶民の自由を拡大させる諸歴史であり、これを担うものは個々の庶民行為者の人生上の行為なのだ。

この視角さえ頭に叩き込めばそういう論外な問いは出ないと思うのだが、では、現実はどうなのか、と問うかもしれない。

それは本書の示すとおりである。個々の行為者の自由を求める目的行為は、常に闘いを勝ち抜きながら、歴史を庶民の自由へと切り開くのである。
（注）もっとも、目標だけあって、メンバーは入れ替わる、といった限界的な「組織」ないし「組織様集合体」というものもあり、これは組織という観念の問題で、例外とするしかない。たとえば「全共闘」（組織）である。若い方々には、左記を参照。
小阪修平『思想としての全共闘世代』、筑摩書房、２００６。

第2節　主体的行為と現在的条件

1　主体的行為自体という運動

人が主体的に解放行動を行うためには、社会と個人の矛盾を引き受けねばならぬ。

第1に、運動ならぬ「運動」、主体的行為自体という運動である。

次いで第2に、人は自己と社会の構成者との間をつなげるために、ある種の道徳を所持し表現しなければならない。

次いで第3に、将来の社会、あるいは人々のために、現在の不満を自己の中で生かし続けねばならぬ。それは憎しみではない。そうした対人感情ではない。それは人間全体を圧するシステムへの怒りである（注）。

階級が現象ではなく、社会機構の潜在的契機であることはこれまでの著作で述べてきたが、同様に、個人の行動においてこの潜在的な契機が現れるのである。

それは「階級意識」あるいは「プロレタリアートの倫理」等として宣伝されるような「階級たる意識」ではないことが、生活したことがある者にはすぐわかるであろう。そうではなく、具体的人間たる普遍的労働者において、この「社会への対峙の仕方」が現象するのである。

一方、さしあたりの解放によっては、評価する他者からの解放でもありうる。

人は68～69年闘争者が何もできずに終わったことを非難するかもしれないが、個々の闘争者の作業は、ある時点で彼の身にまとわりついている状況から自己を解放するのである。

早い話が他人から見れば、状況は自己を闘争に向かわせたが、その状況を切り捨てる、つまり脱落するのである。

彼がその後会社の社長となり社員合理化という首切りを推進するのも、彼がそれ以前の被評価状況を切り捨て、自己のその時点での欲求追及を進め得た、その結果である。人は彼らに敗北の「総括」を要求するだろうが、それはないものねだりである。「脱落」により彼の解放は成功裏に終わったのだ。


しかしそれはおかしいではないか？　その通りおかしいのだが、それは解放が個人で終わっているからである。状況―内―人間は状況からは抜け出せない。人は状況と共に生きなければならない。
（注）これら3つの点は、もちろん、なにも行動をしない行為者、あるいは単に社会的位置上の賞賛と優越を求めて行為する者、にはかかわりのないことである。
本件は、解放の理論であり、抑圧行動の理論ではないので当然である。解放行動者は自分を抑圧行動者と比べてもしょうがないし、解放行動理論者は、解放行動者におべんちゃらを言ってもしょうがないのである。

なお、日本の「主体」観念については、左記がまとまっている。

小林敏明『〈主体〉のゆくえ』講談社、２０１０。

2　疎外

（1）本書が扱う疎外

さて、「主体性」の論議のためには、人間の社会的抑圧状態について、一つの前提を確認しておく必要がある。実質的には「マルクス主義でいう」「疎外」観念である。

人間が自己の意思的なある行為をすることに、意義も、実現の可能性もない状況にあることを、「疎外」という。

たとえば、夜遅くて人の少ない通勤帰りの電車は空虚である。そこには友達もいないし美しい女性もいない。つまり、何かを身体で感ずるということがない。感じなければ人はただ呆然と座っているしかない。こんな人々の関係をサルトルは「集列性」と呼んだ（注1）。

人間が把握する行為現象では、社会の中で主体性が逆に他者にとっての客体性となり、他者にとっての客観的意義が主体的意味となる。筆者の前２書ではその必然性が明らかにされた、ともいえる（注２）。人は主体的に社会の事実を作り続け、その社会の事実が他者の行為環境として、共同の社会を作る。他方、自己の行為が作り上げた将来が他者に対して持つ意義がさらに次の行為の意義となる。当然といえば当然で、この内実を因果連関の立言集としたのが前２書である。しかし、本書においては人間行為それ自体は主題ではない。世の中の行為現象にはもう一つの側面がある。行為が持つ主体性は、自己の中でのただの自己にとっての意味にしかならない、という疎外状況。さらに他者にとっての客観的意義は、自己の意味にもならない疎外状況である。この擬似的な行為作業の過程、あるいは観念作業の過程が、社会の上部構造である。

人間の生きる過程において、現実にはこの「疎外」が発生している。

疎外とは、言い換えれば、日々に人間の行為が成就できずに終わることが存在しつづける状態であり、その解決の可能性が実は各個人の行為内に存在しているはずの状態である。「やればできるはずなのに、私にはできない」そうした状態が存在する状況のことである。人間の行為の成就とは、人間の主体的行為の成立、つまり自己の生理性の確保であり、他者からの賞賛の授受であり、他者に対する優越的な自由の所持であり、そして何よりも、「行動は自分で行う」という自発性の自由である。

一般論で言えば、自己が関連しているはずと思われる外界物について、それが自己とかかわりなく存在していると受け止められる状態について、人が持つ感情を「疎外感」という。この感情は、社会制度の如何によってその発生が必然化する。あるいは、はなはだしくは、この感情が発生する神経の水路さえ動かなくなることさえあるだろう、その発生手前までの過程の必然化のことである。私たちが今問題にするのは、この感情または潜在的感情が現れる基盤となる社会状態である。

人は、自分もその将来が現実化しうるはずの社会関係について、自己がその将来を実現できないと知ったとき、疎外を認識する。それは、現実には、不平等、差別、排外の現象である。

こうした状況について、社会科学の先達は、疎外は私有財産によって存在する、と述べた（注3）。しかし、そうではない。人は、私有財産によって疎外されるのではない。人は、第1に、権力によって疎外される。そして第2に、権力を根拠とする制度の中を生きることによって、さらにカネによって、疎外される。

この疎外概念は、一言で言えば、先見的な「人間の本来」という観念を越えた、それぞこにある人間の実存から導き出される疎外である。

すなわち、ただそこにあり、人間存在の実存、そこから生まれ出る必然的行為、から導き出される普遍的行為一般による疎外概念である。著者がこれから述べていくのは、こうした通歴史的な疎外概念にかかわる状況と、人間の歴史が必然的に歩んでゆく、ここからの脱却の過程である。

（注1）この事態は、同様に、「疎外」の事項でもある。
疎外、すなわち行為の自由の阻害は、第1に、状況としての疎外、第2に、構造としての疎外とに分けられる。

あるいは、言い換えれば、第1に、今この場の気持ち（身体）のありようで存在する疎外と、第2に、認知上見えているのにこれを避け得ずその場に陥らざるをえない疎外、とに分けられる。

今この場にある疎外は、この一瞬を耐えるか、気を変えるかすればすぐに過ぎ去っていく。しかし、構造的な疎外は、生理的状況を変えなければそれから逃れることはできない。すなわち、ここに陥る行為の自由の疎外を取り上げて云々するだけでは、《社会》的な構造を把えられはしない。その行為の疎外が必然的に現れる構造を把握してはじめて、社会は把えられる。現実では、当人は、会社に入ることを拒み、擬似的共同体生活に潜行していくことだろうか。そうしたからといって構造的な疎外から逃れられるかどうかは不明であるが。

（注２）拙著『歴史としての支配』『「上部構造」の社会学』。
（注３）K．マルクス『経済学・哲学草稿』城塚・田中訳、岩波書店、１９６４。

（２）疎外からの解放

行為主体の「人生の切り開き」と呼ぶべき現象がある。自己の将来状況を、自己の事実認知に沿って、より良い状況へ変更させる行動である。人間は本来的に自己の将来の自己決定を行い、これに歯向かうモノを敵とする。この場合の自己の主体的行為が、そのまま解放への行動となる。農村共同体から抜けうる事実認知のとき、実際に抜けようと各種の行為を編んでゆく現象がそれである。

これはそもそもの前提であって理論内の問題ではないようだが、しかし、権力を使って支配に対抗するわけでもなく、自分の仲間の行為共同性を当てにして賞賛と優越を求めるわけでもない、別種の行為である。農村にもたらされた都市での面白おかしい生活の情報は、容易に農村に残っていた人間の自由を目覚めさせるであろう。それは個人にとっては「解放」である。

もっとも、そうした事柄を取り上げても、読者諸氏の行動方針としての知識の側面で、なんの付加が得られるわけでもない。ただ、そういう行動が、行動として、他者である行為者の行為を相対的解放に導くことが非常に多くあることを指摘しておかなければならないわけである。

これらの総体が結果を生む。

もちろん支配への直接の闘いは支配権力との肉体的対抗権力の問題である。しかし、これに向けて、対抗権力が脅威をあおり、賞賛と優越がその肉体力を何十倍に増やし、事実認知で武装した人間が、自発的な意志に支えられて、支配を攻撃するのである。

時が満ちていれば、これにかなう権力はいない。とりあえずその権力が引き下がる「姿を見せる」一瞬までのことではあるが。

この結果生ずるのが一時的な対抗権力への譲歩である。これは実質を伴わなくとも事実として社会に存在しだす。この事実としての存在が、実質を伴うまでの社会の経過であり、しかも実質とは支配側の事情であるから、「被支配者側」がどこで「ほんとうに」勝利したのか、その一瞬を認識することはできない。というよりも、個人としての被支配者には、勝利も敗北もない、というのが正しい。支配者は、個人を見て決定しないからである。支配者が認めた「集合性」に対して譲歩するのみである。

そしてそれがなにを目的としていようが、総体としての被支配者にとっては、それは勝利なのである、なぜなら、その決定が彼らの中の個人に自由を付与するから。

３　社会道徳の取り入れ

（１）戸坂潤の「道徳」

ここでは社会環境内で必然的に生ずる、自己行為への道徳の取入れについて検討する。

道徳とは、一風変わったしかし本質的定義を記せば、「人間めいめいの一身上の問題として持つ問題のことなのである」（戸坂潤）（注１）。

つまりは、過去の人々の苦しみをすべて踏まえて現在があるのだ、つまりはヒトは自由に向かって歴史を高らかに歩んでいるのだ、ということである。ヒトは、私一人ではない、死んだ者も生き残った者も、解放へ向かって人の歴史を作ってゆく（注２）。この状況下の人間の生き方を「道徳」と呼ぶのである。

修辞法はいろいろとあるにせよ、ポイントは、その社会での家庭教育を含めた教育課程に刷り込まれた事実認知・環境認知を問題にしなければ、行為主体論は完結しないということである。

戸坂が言っているのは、道徳とは「人間めいめいの一身上の問題として持つ問題のことなのである」（『批評における文学・道徳・および科学』）。この場合の道徳は社会道徳ではなくて、個人の持つ倫理を指している。つまり、「めいめいの」すなわち「個人の主体性を賭けた」事項のことなのである。

実際、人間にとっての根源的な倫理はその主体性の下にあり、その主体性の倫理を表現するなら一般的な、空に浮かんだ「生の尊厳」ではなく、他にあり得ずしかし自分は知る「自己の尊厳」なのである。誇りを捨てぬ自分のかけがえのなさ。児童期に形作られた行為規範の遂行が他者によって認められたとき、人はそれを倫理となせる。

（注1）「批評における文学・道徳・および科学」『戸坂潤全集第4巻』所収、勁草書房、1979。
（注2）こうした事態を「祝福された道」と呼ぶことを、筆者は滝沢克己の著作から学んだ。

（2）人間にとっての倫理とは

そもそも自己の倫理、もっと分かりやすく言うと自己に根付いた価値判断というものの本体は、もちろん自己の覚える賞賛と優越である。

ただ問題は、倫理は人が認知する優越や賞賛そのものにあるのではない、ということである。人間が生きている間に満足したりストレス解消したりすることのおおもとは、賞賛や優越である。では、ただの満足も倫理もおんなじものか？　いいや資本主義社会でのそんな賞賛と優越それ自体は、単に裏切りや人殺しを作ることしかできない。

それで人間は他者に自分を「誇れる」だろうか？　いや誇れない。裏切り者や人殺しは、その権力がなくなった瞬間、泥沼の底に沈む。人間の誇りは他者が投げかける目のうちにあるともいえるが、その目を受け止めるその原基は、行為主体の児童期の経験という自己の心の底にあるものなのである。これを自分で育むことでもたらされるものこそ、自己の尊厳なのである。

ここで、「育む」とはどういうことか。

価値は、主体が自己である限りにおいて、自己の中で累積され組み上がっていくのである。自分のある行為がA君を助ければ、その行為は認識において同時に、Bさんを助けるのである。またある行為は、死んだC先生を超えると同時に、ドイツ人M氏やE氏をも越えるのである。

4　感情的共同性とイデオロギー

およそ道徳なるものは、固定した物言いとしては権力者のイデオロギー、あるいはせいぜい、解放にもならないエセ解放の手段にしかならないのが日常であるが、その道徳と同じ日本語構成が作る事態は、同一行為共同性内において、具体的隣人からの賞賛と優越を満足させる。

ただし、賞賛と優越は行為共同性内に生じるが、その共同性の構成員がいつも自分の周囲にいるとは限らない。

他方、人間には保持された環境認識があり、ここで行為共同性内の感情が再生産される。これを「感情的共同性」と呼んでおこう。

たとえば、同じ部活仲間の共同性の記憶に、擬制として裏打ちされた「同窓会」的社交性である。このとき、感情的共同性を保持している対象は、行為者に他に行為の制約的条件がないレベルにおいては、イデオロギー的親近性を構成する。過去、同じ部活の有名スポーツ選手の選挙立候補者は、部活卒業者の多くの票を手に入れることができる。同様に、見知らぬ共同性者をあてにして自己宣伝にこれを使用もできる。

ただし、感情的共同性はそこまでの意義しか持たない。好悪以外の「感情」は行為の原理・原則を構成しない。それが有効なのは、言い訳、自己欺瞞のレベルである。

あるいは同様の過程を経て、人間は行為共同性を同じくしない者に「同情」することができる。もちろん、うわっつらであるが。

第3節　自己否定と共生

「主体性」とは、自分のやりたいことをやって、その行為を誇る言葉ではない。そんな調子のいい自己肯定の言葉ではない。支配社会におけるその実質は、自分のやりたいことをやったら自分の行為に矛盾が出る、そこで自分はどう耐えていくか、という問いかけなのだ。

すなわち、自己は自己に否定され続け、他方、他者に肯定され続けなければならない。それが支配社会における人間の歴史的当為である。

1　共生

（1）自己否定

社会に矛盾がある。その矛盾と闘うのは構わないが、それをもって「矛盾に負けてはいない」と思うのは自己欺瞞である。社会に矛盾がある限り、社会の中で生きている人間は、矛盾を生きているのだ。何せ、社会の中には、魔物ではなく、人間しかいないのだから。

かくて矛盾を生きる人間は、その生きている片方の「自分」を否定しなければならない。論理的必然である。なにも声高に叫ぶことではない。叫ばなくとも「自分には十分すぎるほど聞こえてしまう」のだから。

単純なことなのだが、人はこの事実を認めない限り、支配社会で共生することはできない。まず、加害者である自分を否定しない限り、被抑圧者と腕を組むことはできないからである。

一方、自己も被抑圧者であることを認めなければ、やはり被抑圧者と腕を組むことはできない。さらに他方、同時に被抑圧者である我は、しかし闘わずしてその境遇を蹴ることはできない。

かくて、人は自己否定をし、しかし、この矛盾の中の自己を保存し、他者を志向して生きなければならないのである（注）。ブルジョワ倫理から外された自分に耐え続けること、これこそが歴史から与えられたプロレタリアの「倫理」なのである。

（注）高齢の読者は昔飛び交った自己否定の言も覚えているだろうが、その論調の「自分の現在を否定しない限り何も生まれない」などというブルジョワ論議は、どうせ忘れているだろうけれども、プロレタリアートの敵である。自分の原罪を本気で否定した人間は、誰も生きてはいないはずだ。それはナチの嘘の次に位置すべき大嘘である。
プロレタリアートは人間の歴史に存在して以来、すべての彼らがそんな屈辱的な位置に甘んじて生き、そして死んできたのだ。何が起きても何も痛くはないブルジョワの自称「倫理」によって何かを批評されるい

われなどさらさらない。もちろん、今生きている「彼ら」は少し反省して欲しい、そのときにもそれ以後にも何もできはしなかったのだから。

（2）共生と人間行為者

共生とは、行為者にとってみれば他者との友好に起因する満足の取得である。それは決して個人の心がけで入手しうる行為者の将来ではない。世に友愛を説く評論者はいくらいようと、残念ながらその社会が実現することはない。

個人にとってその要素は、行為者の行為の将来の実現の確保であり、生理的原理の確保、とりわけ行為者による生産手段の確保による生理的条件のクリアと、したがって、他者による暴力からの退避である。そして加えて、自己の行為による賞賛と優越の確保、である。

社会におけるその規定因は、全構成員によるこの要素の確保である。一部の構成員にこの要素が欠けた場合は、その構成員をめぐる関係者の努力の非成就により、結局、共生は存在しない。

ここで、上記には「共生」の定義的構成素が含まれていない。それでよいのだろうか？よい。共生は人間の中に含まれているからである。人間の満足は、常に他の行為者の存在に基礎づけられている。たとえ孤高の人間であろうとも、その行為システムの中には過去の行為者が組み入れられているのである。

これはすべての前提条件である。すなわち、そうでなければ人間社会に「共生」など必要はないのである。

そもそも「共生」とは、道徳事項でも超普遍的価値でもないのだ。疎外から脱却した人間に必要な友愛が共生なのである。それは全人類に向いたものではない。当然である。個別行為者の行為共同性内の人間にとって存在するようになる、個人の具体的価値である。

あるときは感情を共有し、あるときは言い争いをし、たまには愛し、たまには憎む。しかし、かけがえのない行為者の生の一部であると行為者に認識可能な状況が、「共生」の現象なのである。

（3）将来への自己否定

共生の対偶、すなわち特定者による他者への自由の強制の思想は、ナショナリズムである。

そもそも支配はその歴史の中で、常に武力を被支配者の生活的基盤に繰り入れ続けてきた。それゆえにこそ存在する多数派人民への支配権力である。

したがってナショナリズムは、その時代の「人間」にとって、普遍的である。ナショナリズムに関知しない思想は、庶民に当惑しか生まない。

そもそもが国家なしに資本主義は生き残れはしないのだが、それはおいて、支配的思想は、常にすべての反応の国家への繰り込みを図る。この結果、文化上で、ファシズムに対するマルクス主義、侵略に対する抗戦主義、サンジカリズムに対する議会主義、平和を守ろう国民運動等々、それら人民的動員の必要な諸運動のそれぞれにおいて、ナショナリズムは必ず組み込まれてきた。

もちろん、近代以前なら人が国家政策を思うこと自体選ばれた者にしかできなかったわけで、このときナショナリズムは非常に限定的である。

近代以後、「自分に代わって」他人が支配を続けていることが擬制として観念されるようになって初めて、民衆のナショナリズムが発生する。自己の将来に、国家の行く末が関係する。すなわち、支配者となった労働者階級、その他の階級は、自己否定しなければ自由の邦に到達することはできないのである。自己の支配権を、つまり自己の権力的自由を失うことでしか、本当の自由を手にすることはできない。人々それぞれが彼自身の生産手段を勝ち得るその日に、彼らは支配的自由を失うのである。

この事情のため、最終的な自由のイデオロギーは、第1に人の意志のみにより存在しうる「くに」における、第2にアナーキスト思想者以外にはできないのである。

2 反逆とストレス発散

反逆の基盤は自己権力であるから、その向かう先は、その行為者（複数）にとって特定の権力がある程度に膨れるまでは、自由である。彼らには、「敵」はいる必要もなく、実際にその当初にはいない。

敵は彼らの行動に抗する権力との軋轢によって、権力側が作り出すものである。もちろん街頭で暴力をふるう機動隊であり、こそこそスパイし、捕まえればどやしつける警察権力であり、これを指令する政治家であり、敵の内実は自己の行為を阻害し、逆に生理的恫喝を迫る者である。

ついで、この認識の下にある行為者にとって、行為者が必然的にかかわる制度変更を拒否する必要がある一般体制者が敵となる。

といっても、反逆者にとって「悪人」はいない。その証拠に、人間は悪人に笑顔など向けないが、彼らは闘争以外の場では一般体制人に笑顔を向けることはある。彼らは暴力行使者でないことは、行為の上から知っているからである。「悪く」なくとも敵は敵なのであり、それゆえに暴力の対象となることもあるのである。


付記すれば、自由は、その水路がないと、ショートする。その水路を持たない人間はどうなるか。彼らは、その時代の人間には、ただの暴れまわっている反社会的人間と認定される（注）。具体的現実の中では、水路とは、それによりいずれかの社会的部位の構成員からの賞賛と優越が得られる行動であり、水路の閉鎖は、賞賛も優越もない、もっといえば、その行為の社会的非承認である。

ここで後者のような「社会的無価値」な行為が存在する理由は、具体的人間の自由は、観念を経由するためである。

自由の水路のない行為とは、行為共同性の高い社会にあっては、過去の事実認知に基づいた年寄りの行為や、自己に好都合なだけの誤った推論に基づく現実の構成をとった行為、具体的にはストレスの解消行為である。

他者への攻撃性の発露は、それが成功すれば自己の優越を獲得できるため、他者は悪であり、ここは悪を対峙する社会的場面だ、と構成しうる人間、具体的には年寄りや独りよがりのパーソナリティを持つ人間において、これが現実化する。

（注）老婆心で社会事象の見方を述べれば、権力と対抗権力は、見分けはつくものではない。同じだ、とさえいえる。自己の将来の展望のない行為者にとって、反権力とは「すぐそこに感ずる」権力への反抗のことである。展望があれば対抗権力なり味方の言説に過ぎないものが、権力そのものになる。したがって、反権力思想は、その時代においては、社会事象の歴史的事実整理への反抗という形で現れる。それがどんな荒唐無稽と思おうとも、常識人に何の根拠があるわけではない。常識人の根拠とは、時の支配階級が流す事実整理である。なお、ここで「階級」といったことに注意。これは実体概念ではない。
つまり権力とは、外から自分に抑圧的に及んでくる力とは、その出所は「社会」と同等に集約されるのである。つまり、親、教師、会社の上司、偉そうな評論により「私」の行動を規制しようとする者、その他すべてである。

元に戻って、だから、大統領選がインチキだというキャンペーンも、反コロナワクチンのキャンペーンも、同じく、反権力思想である。「単に権力に乗っかっているではないか」とかいう、全体社会システムの論議をしているのではない。具体的個人行為者にとっては、たとえ「時の権力の常識にとらわれた一般人が」なにをいおうと、それが自己が唱えられる唯一の反権力思想なのである。

第４節　解放への行動

１　運動と支配権力への水路

このように、権力平面からの権力水路は、具体的個人にとっては閉ざされている。流れの向きは変えうるが、その水路を枯渇させることはできない。たしかにそれは「弱く」はなるのだが、それはその諸要素の配置の中での減少に過ぎない。

支配権力に「真実の」打撃を与えられれば、支配権力が変わるかその生産関係が変わるかしかないのであるから当然ではある。これに勝利するのは、武力＝集合的肉体力による圧力しかない。

諸運動は、権力平面ではなく、賞賛平面と事実認知平面を襲うこととなる。

暴動内の団結は、支配者のそれとは別個の賞賛と優越を有する。他方、それはとりもなおさず、肉体的暴力の集約の現象である。権力者はこのとき「個人」となり、改めて、「自己に歯向かう人間たち」という集合性の恐怖を味わうのである。

2　権力の上下の水路の破壊

同一体系内における権力ルートの破壊は、その権力要素の破壊によって行われる。

すなわち、第1に、各構成人格の賞賛と優越の破壊、すなわち名誉剥奪。

第2に、下位構成素の権力の総体的増大。

第3に、外部褒賞機構の介入、である。

たとえば、最上位権力者と地域権力者への蔑視の導入、貧窮人民の暴動的団結、都会的プレステージのある文化人の下位への加担、である。

蔑視は、当該ルート外からの、一般道徳によれば日常的に行うことができる。たとえば「政治家はみんな嘘つきのクズだ」「まだあのバカは親父のマネして地主ぶって」等々。


本件は、生産共同体的内関係・職業社会内の関係について妥当すべきである。いわば、内部内権力の問題である。

他方、別の下位体系の構成員間同士での賞賛と優越のせめぎあいには妥当しない（注）。

それは、まず端的に言ってしまえば、同一体系内下位が権力の事実上の恩恵を受けるのに対して、後者は、観念上の賞賛と、特に優越を、受けると思い込んでいる、という点にある。この場合、その受けるという思いが否定されるだけでこの試みは終わる。そして、仮に現実に合えば、それはすべて否定されるのだが、幸か不幸か彼らは現実を見ることはないのである。

（注）　これは、簡単に言えば、はみ出し者のストレス解消の行為であり、はみ出し者とは何かと言えば、そもそも権力の水路を持っていない、というよりは、権力からその水路の授与を拒否されている一群の人間である。ともかく、彼らに権力の後ろ盾はない。あるのはモデルとしている他の権力の後ろ盾がある者についての情報だけである。したがって、本人が得られるものも瞬間的な高揚に終わるだけなのだが、それだけに「疎外された本人」でも使える方途なのである。
この情けない事態への対応は、迂遠だが、「周辺に漂う差別行為様式」の消去あるいは本人への接触による本人のストレス解消か、本人への脅しによる優越の消去しかない。

3　世界を覆うための意味情報

ある行為態度がその社会の構成員にあまねく保持されるためには、その行為態度が大方の構成員にとって同様の意味をもたらす情報が、広範に存在しなければならない。広範とは、直接にはそんな多数の個別行為者にとって、同様に作用するための「意味の多さ」を指し、間接には、それぞれ違う生を送る構成員に情報が伝達されるべく、その情報が社会のそこここに存しうる、ということを指す。

ある政治家が当然のようにつく嘘は、あまねく資本家の日常によってサラリーマンに、権力者の当然行動であることが把握されていなければならない。それはすべての取引先にあまねく存する慣習である。それは権力者が行使すればするほどに、サラリーマンに当然視される。「嘘はついてよい」。かくて日本人はすべて嘘つきである。教育課程教師など特にそうだ、と思う人間もいよう。発する言葉は多くとも逆に内実は一つである。

もっとも、これはその過程の具体例の一であって、解放的なそれは、反権力の一般性を持つ。シンプルには、反権力なら誰がどう言ったことであろうが、同じく作用するのである。

ここで一番重要な行為態度は、賞賛と優越のうち、コミュニケーションに係るそれである。あるいは、コミュニケーションの存在形態である。

人は次の運動に資する行為が重要だと思うかもしれないが、そうではない。圧倒的大衆とは「物言わぬ大衆」であり、実はモノを言わずとも知れる彼らの価値感覚である。その価値感覚が「こう言えばこう受け取られるから、この価値観は成功である」と思わせる賞賛と優越の存在形態、言葉の底を流れる通奏低音である。

事実は、特定の背景から離れたときに、新たな事実として生まれ直す。その社会に適用可能な全体的「当然さ」である。特定の背景につながる「当然さ」は、日常の当然さではない。特定個人、特定組織にかかわる当然さであり、いわば客観に付随する当然さ、他人事の当然さ、差別を含む当然さである。この背景から離れてそれぞれの個人において事実が自立したときに、「自分にとっての日常の当然さ」が生まれるのである。

たとえば、ある汚職会社で生じた、その汚職事実にもかかわらず自社の無実を強弁する「あの会社の社長はわかりきったこんなことを『公言している』」という事実は、その会社についての事実から離れて、その社会の汚職会社は「会社とはそういうものだ」という事実として当然を形作るのである。

もちろん同様に、ある良心的会社で存在したお茶くみ拒否の女性行動の情報は、その会社を離れた段階で社会の当然さとなる。

すべては、情報受容者の個人的自由における変容の問題であるが、この変容の個人における類義が、社会的に規定されるまで、ある社会運動がその社会の規定性を押し上げることができるのである。

４　自由と具体的人間

現実の自由は、その達成を、具体的人間に負託する。このため自由は、その時点の歴史的現実の中で自由への水路がある課題のみが達成される。ここでその達成は、あたかもその課題のみが重要であるかのごとき外観を呈する。つまり、その課題は、個人の行為の環境に組み込まれるのである。歴史と個人はかくのごとき関係にある。

これでは観念論だろうか？

それでは具体的個人から離れさせよう。

個人は自己の特定の自由を追求する。その結果、人間の歴史は、あたかも人間の自由を表現していくかの如く流れていく。

したがって、解放行動のメニューとは、例示すれば、
１　少女の政治集団への加担。
２　自前の、気持ちの歌の、公的発表。
３　ダンシングチームの組織化と発表公演。

4　経営団体での役職の取得。
5　学者団体での名声の獲得。
6　ネット世界でのアート発表。
7　暴力的関係内職務での確固たる地位。
8　普遍的価値表現の絵本の翻訳。
これらである。

あら、これあたしじゃない、と思った方はその通り。筆者は具体的な知り合いを思いつくままに並べただけであるから。つまり、誰もが自分の自由を切り開こうとすることで、歴史は自由を実現していく。

これらは例示に過ぎない。過ぎないのであるが、それだけに政治主義者の行為の至らなさに、彼らの恥じ入りを期待するものである。

もっとも政治主義者には政治的な言い方も必要であろう。この自由こそが自己権力の基盤なのである。生産関係上のすべての拘束からの解放は、生産共同体にあってはそこから生ずる権力、資本主義にあってはそこに集約される権力により制限されているのであるが、これを内的にであれ打ち破り、生産共同体に資本主義的自由を引き入れ、資本主義的自由に「自己」という内実を注ぎ込むものは、自己権力と、ある個人の自己権力を支える複数の他者の権力である。自己の自由がここにセットされるのである。

5　肉体力の合同を目的としない運動様状態

人が集合的に動員される運動には、実は2通りがある。

1つは示威としての運動である。

ある行為を他者にさせるために、行為主体は他者を凌駕する人間の諸身体を対手に見せる。これによって肉体権力の存在を示し、対手を脅す、いわゆるデモないし示威行動の存在にかかわる動員のことである。

この運動は、運動構成者にとっての個々の運動の目的が消えるまで続く。ここでの賞賛と優越は、直接には運動構成者の各々の間にある。そこでの主題は「政治的」である。

これにより外形上は他人にとっては同じ人々で構成された大きな運動であっても、実は小運動の塊に過ぎないのである。

ここで残るのは、指導部位と仲間とへの懐かしみである。


しかし、2として、外形上、行為を他者にさせるさせないを問わず、したがって、首謀者の存在を問わず、成立する運動動員がある。これは本質的に別の社会事象である。

すなわち被動員者は、主体的意思によって、動員される。このとき、行為目的は、運動参加そのものにあるのである。

たとえば個人的な倫理の貫徹、あるいはストレス解消。そうした運動目的とはかかわらない行為それ自体の目的によって運動様の常態が構成される。

政治的な主題は、経済的な主題とは異なり、一般論では個人の生活とはかかわらない。せいぜい「同情」の産物である。例外が「戦争体制への忌避」であり、安保反対運動というのは稀有な主題を（一方に）持っていたのである。

これに対して抽象的な賞賛が個人にかかわる場合があれば、それは個人の生活の障害の打破につながるから個人にかかわるのである。したがって、この出来事が生じた場合はそれは個人にとって根底的（ラジカル）なのである。

この第2の場合、運動の個人性により、運動の参加が終われば運動は消滅する。この運動の意義は、社会的にはあくまで運動の存在そのものにあるのであり、個人的には運動参加という主体的行動の実現にあるのである。

ここで残るのは主体的に突破できた自由である。


つまり、わざわざいうまでもないことであるが、例えば選挙用に示威行進で政権を脅しあるいは選挙民に大衆力を見せつけようという行動と、大衆の主体的行動とは、相いれないのである。疑う人間はもう一度歴史を顧みられればよい。その後に大衆行動がしぼんでそれをそのときの指導部位のせいにして非難するのも、まるでお門違いなのである。

6　体制変革と解放行動

団塊の世代近辺以前の者にとっては、解放行動が体制変革と同義でないことには納得いかないであろうが、残念ながらこれは全く違う。体制変革には被支配者すべての肉体力が注がれなければならないが、残念ながら、解放行動一般に注がれているものは個別の状況での個別の肉体力である。本稿はそもそもそれを題材にしているのである。

それでもご期待に沿って一言述べておけば、そのトータルの自由が、そのトータルに許される限りでの体制の構成要素の自由の増殖を推進するのである（注）。

当たり前である。

ありていにいえば、ここそこでの被支配者があらわす自己の行動に係る「支配意志」が、その周囲の下位支配力保持者に揺らぎを与えるのである。普通選挙制度内においてはこれが決定的なのだ。

もちろん普通選挙など、支配武力によって蹂躙されることは現代史をみれば自明なことであるが、それにしても、この被支配の屈服の場面からの立ち上がりが違うのであり、これは人間の歴史が権力行使者の政治生命である20年ごとに変更されうることを確実に示すのである。

といって、そもそも体制の変更は、被支配者の環境認知にあるのであり、事実認知の流通によって、現況の利害と新たな利害の発生とに係る環境認知にそのイメージが浮かぶまでは、被支配者の「解放」意思は、体制内の条件を前提とするのである。これは支配者のせいではないし、被支配者のせいでもない。被支配者の行為論上の利害得失の認知、あるいはその認知が当然に生み出される元である「環境」によるのである。

（注）人は、歴史の社会的進路の評価と具体的行為とを混乱評価してはならない。またさらに同様に、一個人の「一」人生上の評価と具体的行為の評価も混同させてはならない。
それ以前の制度に沿った反運動的行動は、対抗運動者から見れば「右翼的」であろうが、それが社会の動きに与する限りにおいて「歴史推進的」である。

歴史の中では「反動」も歴史の進展なのであり、一般人民がそれに与する限りにおいて、その行為は、行為それ自身としては、歴史主体的行動なのである。

したがって、本人にとっては「わたしは歴史に参加した」と「思って」いる。

具体的行為の世界とはそうしたものなのだ。

そして、具体的行為そのものにおいても歴史的意義がある。

支配社会における歴史の進展とは、大衆内部の均一化を前提とした総体としての大衆の自由の増加であり、すなわち、大衆と支配権力者との地位の近接化であり、すなわち大衆の自己決定権力の増加である。たとえば大学紛争時の学生ノンポリ、あるいは「当局」もこの視角において、歴史変革者なのである。

この社会科学的事実をもってどう評価するかは、もちろん具体的個人に属する。この2通りの歴史的意義の間の溝は、単に、自己から離れた社会現象をどう評価し、次の瞬間の自分の人生の意味にどう生かしていくか、という個人の主体性にのみかかわるのである。

7　解放と個人の一定の自由

個人の一定の自由が安定的に確保されたとき、共生への個人的満足は、どの回路を作って存在しうるか。

それは行為の原則から、他国の存在については生理性の条件、基本は賞賛と優越である。

これにより、他者の自由の無さを結果させる権力の存在は、一定の自由を得た個人において、これを非難するコミュニケーション主体を結果させる。

コミュニケーション回路については、第1章で述べた。ここでは、回路でなく主体である。このコミュニケーション主体が存在するという過程自体が、共生への回路となる。

これは当該個人を権力が抑圧しない限り、人間の行為原則として必然的に存在するのである。逆に、この抑圧は安定しているはずの自由を脅かし、「一定の自由」という前提を崩す。これが共生の対極に潜在的に聳える、権力の塔の必然的拒否の理由である。

最終節　共生のくにへ

人間の解放は、あくまで生産手段の取り戻し後にやってくる。この全体社会のシステムの前提なしに何を語るのも、或る意味、虚しい。しかしまた、人は遠い将来を見据えずには近い将来の思考も出来ないのである。

ここでは、最後に遠い将来をテーゼ風に並べておく。

1　障害者について

差別からの解放行動自体は、戦いであり、終わりのない過程である。しかし、解放を述べる者は、解放の結実を語らなければならない。

すなわち、人間の共生である。人は差別者のいない空間のなかで、そのなかで初めて、人の仲間と生きることができる。それが現行の人間の潜在的に望む存在形態である。

さて問題の障害者である。

究極の障害者は、肉体力の量的少なさにより、それ固有の権力を持たない。あるいは、持てない。彼ないし彼女に利する権力は、平等を求める権力のみである。しかして、障害者は平等を求める勢力と提携せざるを得ない。

この事象は、障害者をめぐる彼と彼女の共生の栄光と収約することもできるし、それは価値的に優位な選択である。人は障害者の幸せを、障害者本人と共に、自己の解放の試金石とすることができる。

が、それに拘束される、ということもある。健常者が知らないことには、障害者は自己に加えられた諸差別の昇華ができぬまま、その他ならぬ社会道徳に屈せよ、という指令を下されるのである。

このアポリアを突き抜けるのは、おそらく「時代」というものであろう。人民間の道徳とは、支配者が押し付けるそれとは違って、目に見えるものではない。エーテルのように時代を満たすものである。そしてどの具体的人間の行動がそれを促進するかは、社会のごく一部に住まう理解行為者の認識しうるところではない。時代は集合的な「人々」が作るほかはない。後進の諸君の営為に期待せざるを得ない。

2　変化から変革へ

ある社会的制度・慣習の変化は、これを説明するものをして、「それが○○の望むことであった」と語らせることができる。ここで、ある○○とは、語るものの希望により、いくらでも変えられる、彼の思想上の「変革主体」である。神であったり、民衆であったりする主体である。およそ説明とはそういうものなのである。

すなわち変化の説明ポイントは、大部分の生存者が認知している既成の事実について、イデオロギーによるその既成の事実の認知への反抗である。

このイデオロギーの認知に、大部分の人間は、反抗を感じ記憶する。このため、社会のどこかに「反抗」が生ずる際に、その当事者によりこの説明があてはめられ、周囲の人間はさらに深く記憶するのである。

3　共生の本体

かような根拠により、行為共同性があってほかに阻害要因がない場合には、そこに共生が存在し、継続的な相互行為により、共同規範が、また、生ずるのである。しかも、この規範には、強制されるという自覚が伴わない。

問題は、まず、その阻害要因なのであり、だから、その阻害要因に立ち向かいうる、人民の主体性なのである。

4　行為共同性から共生観念、そして共生へ

十分に行き渡った行為共同性のなかで、人は自己の行為共同性外の者への「共生」の観念を覚える。共同性外の者は別に同一の将来を持つ者ではないが、将来の異なる認知が得られないまま、人は自己の将来を投影できる。

この投影される将来が、自己の主体的行為への志向と結びついているとき、人はその「行為共同性外の者」との将来について、共生の状況を決定する。将来は違おうとも、彼らは「仲間」である。

5　主体性と共生

さて、行為の自由を構成する自己の行為の事実認知とは、単に「自己の行為」の認知ではない。自己の行為にはよるのであろうが、実際は、「環境内の変化」の認知である。この環境内の変化こそ、自由の本源なのである。

人は、自己の環境について、その変化を読み取り、その変化が自己の行為による場合に「自己の行為」の事実認知を得る。

ここに疎外無き行為の本源がある。

実は人間の満足とは、自己の行為を必要としないのである。環境内の変化の欲求的成立により身体内に生ずるものなのである。

確かにそれでは自己の身体的変化による身体的満足が欠落する。あえて言えば中途半端な行為ではある。環境の変化と行為の変化は渾然一体として、従前の人間の存在があるはずである。

しかし、例外的に、人間の発見行為は「その意味での行為」なのである。発見そのものに費やす神経エネルギーと発見による感情エネルギーが、転々とする脳内イメージと共に、行為主体に満足をもたらす。

人が誤って人間の類的本質とのたまうのがこれである。類的本質とは決して「種族生活」（黒田寛一）のごときものを指すのではない（注）。それは行為の対象化などというレベルの問題ではない。

それは、世界との「類」という認識である。あるいはそういう関係内にいないことによる意志状態、それの投影的願望である。

「共生には主体性が必要である」という言は、そんなに困難だ、という意味ではない。いったん生まれた共生によって主体的な人間が生まれ続ける、という積極的な言である。

それは人であれ樹々であれ、その瞬間瞬間に自らの生きた過去と生きる今が表れるということなのだ。

すなわち疎外なき生である。

（注）黒田寛一は、マルクスの『経済学・哲学草稿』における「類生活」の語句を、その著書において人間同士の共同的生活と捉えた上で「種族生活」に置き換えている。それはその時代的時点では、普通の解釈とも言える。執筆年次の早いものでは、『社会観の探求』であり、現代思潮社、１９６１、として参照しうる。

あとがき

最後に

毎回のことだが、筆者の文は、悪文の上に表現が最小限に押し込められていて読者の皆様の理解の障害になっており、今回も恐縮している。学生の教師ならこのような不親切は思いもよらぬところと思うが、申し訳ないが筆者としては、著述主体の生活でおかげさまで人生のパフォーマンスが最大にできて助かってもいる。読者諸賢におかれては、コスト・パフォーマンス、本の置き場のプレイス・パフォーマンスを相当増加させているはずというところで、ご了承されれば気が休まるのだが。

さて、我々はこうして、解放を直接に構成するものはシステム論の理解ではなくて、具体的人間の理論の掌握であることを示した。もっとも、解放を総体的に構成するものは、システム論的理解による未来への確信だ、とは思うのだが、それにしてもその人間の道程の一歩一歩を刻むものは、具体的人間の一歩である、とご理解いただいた、と思う。

筆者は近著4書（『行為の集成』、『歴史としての支配』、『「上部構造」の社会学』、『資本主義と支配システム』）において、社会が経験するはずの歴史を説いた。しかし、社会はそれだけで存するわけではない。本書はその根拠たる人間の行動を書いた。行為主体史観によれば本書が近著4書の根拠であり、社会主体史観によれば本書の根拠が近著4書である。要するに、今この時点で、筆者の著作において現実が統一的に表現された、といってよいだろう。

しかし、現実はもちろん固定したものではない。筆者の営為はそれを表現しただけであり、現実そのものとは、その「表現」を認知した行為者が、自己に降りかかる諸事象を処理しているものであり、処理し続けていく、その過程である。ここで、本論が箇条書き的に人に知らしめればよいと判断した思いとしては、本論が、「主意主義」過ぎる人々の反論になれば一つの使命が完了した、ということでもあろう。「残念ながら」人々の主意主義的な努力は、こうした結果は生むがそれ以上は生まない、ということである。これは主意主義的な人々をバカにしているのではなく、同じ状況に同じく生きて、しかし「主意主義的な」人々に軽侮されて来たごくふつうに日常を生きた人々を擁護するという意義の完遂、という意味でもある。

対して、最後の5章に述べたように、そうした「意識的な」イデオロギーのない人々が、彼らの仲間と共に、知らず知らずのうちに人間の自由を浸透させていく、それは「主意主義的な」人々には決してできないことなのである。ここまでをいって、本論は終わる。

参考文献

1　参考文献としては、筆者の信念であるが、その文言を引くこと自体に意味がある場合を除いて、参照ページは書かれていない。筆者にとっては恒例となっていることだが、本は1冊を読んで初めてその一部である該当文言の意味が分かるものである。コトバの一部だけを取り出して云々するのは、著者本人には迷惑であろうと考える。
2　以前の各書にも増して、筆者にとっての参考文献はない。あえていえば筆者の著作の各書と、戦後主体性論の論者の書、具体的には山本義隆、滝沢克己、黒田寛一、梅本克己の各書である。どの論者をとっても、本書の立場からの批判はたやすい。しかし、創発的な仕事の参考文献とはそういうものではない。本書は、その視角・視座において、時々の応援的エールとして、上記各論者の書を使用している。そこから得る「人間として守らなければならないもの」に対する不断の突きつけがなければ、本書の最良の部位は消えているかもしれない。
3　とはいえ、参考文献は、その分野に明るくない読者用のガイドでもある。この点では列挙は不可能に近い。それは本書の論理の半分は、既存の社会学理論の批判となっているからである。本当に理解していただくためには、まず、社会学の学部ほどの基礎知識は持っていただけないと無理である。しかし、それを一般の読者の方々に要求する必要はないだろう。科学というものは、何某がこういった、ああいった、なる議論（？）で文章が埋め尽くされるようなものではない。そんな市販の「論文」と、学部学生の卒論との違いを知りたいものだ。それでは「社会学理論」ではなく、社会学「理論者」研究書である。それは図書分類学上「社会学」ではなく、図書分類289・3、「伝記・個人伝記・西洋人およびその他」という。そうではない本書の立言の理解のためには、読者ご自身の頭脳があれば十分である。

といってしまっては元も子もないので、読めば参考になり、そこでの参考文献にはそれまでの先達の諸書も載っている、という意味で、以下に筆者の著作を掲げておく。

『資本主義と支配システム―その展開と終焉の社会過程』合同フォレスト、2021。

『「上部構造」の社会学―主体の意思と歴史過程』合同フォレスト、2018。

『歴史としての支配―行為論的社会学応用理論』合同フォレスト、2016。

『行為の集成―行為論的社会学基礎理論』デジタルパブリッシングサービス、2011。


ただ、「自己否定」をめぐる論については、学術書が存在しない。これを若い方ご自身の力で理解するのは困難であろう。参考書として、以下の書を掲げておく。

山本義隆『知性の叛乱』前衛社、1969。

東大全学共闘会議編『砦の上にわれらの世界を』亜紀書房、1969。

さらにサルトルの紹介として、
飯島宗享「実存主義における人間」『岩波講座哲学3』所収、岩波書店、1968。

残る思い

本書が成るにあたっては、出版工房オフィス・ミューの扇田麻里子氏に、つたない日本語の本文を読んでもらうことから始まるご助力を受けた。まず御礼申し上げる。

ただ、そのほか「本」としての本書を作成いただいた方々と日常を支えてもらった妻とを除いては、どうも周囲の助けというものがないような気がする。新型コロナの席巻で、筆者が人々と3年間交渉が持てなかった、という外在的理由もあるが、そもそも本書は女性差別に対し知ったようなことを述べる男性理論家への義憤から生まれている。その意味で、あまり主体的な構えから成ったものではない。したがって、主体的な構えがあったなら存在しているべき「周囲」というものが、今現在の現実にはない。この事実により、筆者は自己の執筆の動機を持続させるのに苦労したところである。

それでもなんとかかんとか発行の段につけた力は、おそらく、過去の沈殿物の力だ、といっておけばいいのだろう。


当初、本書は、副テーマとして具体的人間を扱いながらも社会学に到達できない既存の社会学研究者への批判を持っていた。一応筆者も社会学を専攻し、その学の下で学問的訓練をしてきたからである。その自己の根拠にほっかむりし生きて過ぎていくのは正しい行為ではなさそうだ、という意味である。このテーマは、結果された本書にも十分滲んでいるとは思う。しかしそれは私の任ではなかったようだ。「ちょっと違ってるけど、まあそういうことね」「ちょっと新しいことも言ってるけど、そういうことだろ」。そうではない。筆者が言うのはその異論の根拠の視角・視座のことなのだ。まず初めから、人が満足している営為をわざわざ批判しようとするのでは、その執筆過程は虚しさに近かった。

とはいえ、人間がかけた時間には意義があるに違いない。

本書は結局のところ、具体的人間が志した未来への到達を信じて闘争の中で斃れていった人々の魂のために書かれた、と総括する。彼らは殆どマルクス主義者であるにもかかわらず、マルクスのテーゼと、しかしそれに従っていては一歩も進まない現実との間で、悩み続けたことであろう。彼らに重なる生を生きた人間は、そのことを決して忘れてはならない。忘れた末の抜け殻のような人間になっては、ある歴史的1時点を人々の中で生きた人間とは言い得ないからである。食物を得て仲間も得て、十分すぎる生活を片方に持ち、しかし、過去を忘れた生を送るために、人間は自分の一生を生きているはずはない。

自由を求める人間たちは、自己の最大限の力をもって「世界の」自由の実現に貢献する。しかしさらにその中に自己の力を超えてでも世界の自由を突き進めんとする人々がいる。その日常を超えた運動をできるものは決して日常の人々ではなく、そのために日常の中での生を失う。その闘いの深さと共に、地上での命を失う。

筆者は自己否定の世代よりも5年以上後の世代ではある。しかし、人間は歴史の中で生きる。できなかった課題は後の世代が引き継がねばならない。誰が何を引き継ぐか、それは彼や彼女の場所的立場によって違う。人は、あなたではない他の「あなた」の遺した思想を守り、私にこのように書かしめた。

本論が過たれた理論に対抗する人々に使われるのは、まだまだ先のことだろう、しかし私には、ここに満開の花々が見える。人は一人ではない。死んだ者も生き残った者も、手を差し伸べながら摑みながら、解放へ向かって人の歴史を作ってゆく。この小論は、その彼らを、私たちを、祝福する幻影の花々である。

著者プロフィール
隈　栄二郎（くま・えいじろう）
1953年生まれ。1979年早稲田大学大学院（社会学専攻）中退。市井の研究者として行為理論に基づく社会学基礎理論の著述を続ける。解釈的な行為論を排し、現実に生きている個人としての行為主体という視点を根拠として、行為、社会関係、社会運動、社会変動の各分野を統括する社会学を確立。著書に『歴史としての支配——行為論的社会学応用理論』(2016)、『「上部構造」の社会学——主体の意思と歴史過程』(2018)、『資本主義と支配システム——その展開と終焉の社会過程』(2021)〈以上、合同フォレスト〉など。

解放行動《かいほうこうどう》の原理《げんり》
—— 主意主義的変革主体論の理路

発　行　2023年4月10日
著　者　隈　栄二郎
発行所　学術研究出版
〒670-0933　兵庫県姫路市平野町62
TEL 079 (222) 5372　FAX 079 (244) 1482
https://arpub.jp
印刷・製本　小野高速印刷株式会社
編集・制作　オフィス・ミュー
http://shuppan-myu.com

ISBN978-4-911008-03-4